桜井章一

負けない技術

20年間無敗、伝説の雀鬼の「逆境突破力」

講談社+α《プラスアルファ》新書

はじめに

「オギャー」と赤子《あかご》のときに産声《うぶごえ》を上げた瞬間から、どんな人にも悲しみや喜びとともに常に「不安」がつきまとっている。温かく居心地のよかった母胎から出た瞬間に感じる、人間の最初の感情が不安なのだ。

そして、人はその不安を少しでも取り除くために確証を求める。自分の中に確証を見出《みいだ》せなければ、今度はほかのものに確証を求めるようとする。ほかから認めてもらいたい、褒《ほ》められたいという人間独特の性《さが》はそんなところから生じている。

その性がやがて競争意識となり、多種多様な勝負に勝利することで束《つか》の間《ま》の安心を得るようになる。この安心は、空腹感のようなものを一時《いっとき》は満たしてくれるものの、時が経《た》つと再び不安という空腹感に襲《おそ》われることになる。

つまり、安心を得るための「勝ちたい」という気持ちの根っこには、人間のだれもが抱える不安があるのだ。そして、何人《なんぴと》たりともその不安から逃れることはできない。

しかし、「勝ちたい」という欲求に囚《とら》われてしまった人は、そんな不安を認識することもなく、ただただ勝利することだけを求めていく。そしてその戦い方は醜《みにく》く、卑《いや》しい。


本書の中で詳しく述べているが、「勝ちたい」という思考は自然界の中には存在しない。自然界の中にいる動植物たちには「本能で生きる」、つまり「負けない」という普遍のスタンスがあるだけであって、それ以上でもそれ以下でもないのだ。

人がこの「負けない」力をつけるには、自然界の中にいる動物たちのように変化に対する動きと感性を磨くことである。

世の中のあらゆることは動いている。さまざまなものごとが絶《た》え間《ま》なく動き、変化することで世の中が成り立っている。流れが止まれば生き物はたちどころに死に絶え、この世はこの世でなくなる。

つまり「生きる」ことは動きや変化に対応し、順応するということ。そしてそれは、あらゆる世界に通じる真理でもある。

勝負の世界だって例外ではない。動きを観察していれば気づきが生まれ、相手の変化に対応できるようになる。「負けない」技術は、そうしたことのくり返しで徐々に身についていくものなのである。

「負けない」という観点から見れば、人間の生活の基盤となる〝衣食住〟も改めて考え直す必要があるだろう。

生命を保つ〝食〟と、身を守る〝住〟は、はるか昔から人間の営《いとな》みを支えてきた。しかしそこに〝衣〟が加わってきたことで、人間の社会にさまざまな問題が生じるようになってきたのではないか。〝衣〟は着飾ることにつながり、それはやがて名誉や権力といった〝欲〟にも結びついていった。

だとするならば、「負けない」人生を歩んでいくためには「生命を保つために本当に必要なものはなんなのか」を考えることも大切な要素となってくる。

二〇年間、裏麻雀《うらマージャン》の世界で無敗だった私の足跡《そくせき》をふり返ってみると、その窪《くぼ》んだ足跡の一つひとつにいろいろな人の侘《わび》しさや悲しみが見え隠れしている。それぞれの足跡が私に「勝負とはなんなのか?」「強さとはなんなのか?」「人間とはなんなのか?」ということを訴えかけてくる。

本書では、そういった訴えの中から私が感じ取ってきた勝負論、勝負哲学、勝負感を述べさせていただいた。いずれも、その根底にあるのは「負けないためにはどうしたらよいのか」という姿勢であって、けっして「勝つため」の考えではない。

本書を読めば、「勝ち」だけを求めていては本当の強さを獲得することはできないということが、きっとわかってもらえるはずである。

◉目次

第二章　「負けない」ための技術

第三章　強くなるには、どうすればいいか？

第四章　逆境を突破する力

第五章　人はだれしも無敗になれる

第一章　「負けない」は「勝つ」より難しい

「負けない」と「勝つ」は異なる

勝負に対する心構え、気持ちとして「勝つ」という姿勢と「負けない」という姿勢ではどちらのほうが強いのか。「勝つ」も「負けない」も、結果的には同じことを意味しているが、その本質はまったく別のものだ。

「勝ちたい」という気持ちは、欲望と同じで限度がない。限度がないからそれを達成するために汚《きたな》いこと、ずるいことなども平気でするようになってしまう。際限なく相手を叩《たた》きのめすようなやり方も、「勝ちたい」という気持ちに支配された人間のやり方だ。

もう一方の「負けない」という気持ちは、「勝ちたい」より人間の〝素《す》〟の部分、本能に近いところにある。

負けなければいいわけだから、相手をとことん追い込む必要もない。必然的に、そこには一定の限度というものが生じてくる。限度があるから、相手がちょっと泣いた顔をすればおしまいとか、弱ったらおしまいとか、そういう終わらせ方ができる。

「負けない」という気持ちには、「もうこれでいい」という満足感、納得感がある。だが、

「勝ちたい」という気持ちには限度がないから、すでに倒れている相手に対してさえもさらに徹底的に攻撃を加えたりしてしまうことになる。

この「勝ちたい」という欲望は、現代社会が持っている欲望にとてもよく似ている。勝ったまま死んでいく人はこの世にひとりとしていない。ただ、負けないように死んでいくということはできるかもしれない。

これは人間にかぎった話でなく、政治・経済すべてひっくるめていえることだと思う。永遠に勝ち続けることなど、だれにもできないのだ。

そして「勝ち」だけを欲する人は、人生においても「得る」ことばかりを求める生き方になりやすい。しかし自然の摂理《せつり》からいえば、得たものは失う定めにある。寄せる波はやがて引く。それが自然の摂理なのだ。

得ることだけを追求するのは、若い、ある時期だけで十分だと思う。人生という道の先々にあるすべてのものは、失うための導きである。

若い時分にはいろいろなものを得るかもしれないが、齢《よわい》を重ねるにつれそれらを失っていくのが自然界の定め。失うことを拒否するのではなく、「失う定め」だという事実を認めるだけで、落ち込んだり、失望したりすることは少なくなるはずだ。

いまは便利な世の中になり、人々はいろいろなものを享受《きょうじゅ》しているが、そんな中で大切なにかをたくさん失っているという事実にもそろそろ気がつかねばならない。そうすれば「得る」一辺倒《いっぺんとう》の生き方から、自然の摂理に則《のっと》った「得て捨てる」というバランスのとれた生き方ができるようになるはずだ。

そしてそれは、「勝ち」だけを欲しがる偏《かたよ》った精神のバランスも正してくれるだろう。


私が勝負事において初めて「負けねえぞ」と意識したのは、子ども時代の遊びを通してだった。メンコにしてもベーゴマにしても、負けたら相手に持っていかれてしまう。だから、負けたら遊べない。負けたら楽しめない。遊びとはいえ、いや、遊びだからこそ負けるわけにはいかなかった。

私は負けず嫌いではないし、勝ちたくて遊んでいたわけでもない。遊びが大好きで、負けたら遊べなくなるから勝っていただけなのだ。

私にとっては遊びイコール楽しみ、遊ぶことが生きることだった。普通は負けたら悔《くや》しいとか、勝つと嬉《うれ》しいとか、そういう感覚を持つのだろうが、私の場合はそんな感じだったから、「嬉しい」「悔しい」という感覚とはちょっと違った気持ちで遊んでいた。

子どもだから、衣食住は親の世話になっていた。でも、遊びだけはだれの世話にもならなかった。私の最初の独り立ち、自立、自覚みたいなものは遊びを通して育《はぐく》まれた。ともかく負けたら遊べなくなってしまう。遊べなくなるほど辛《つら》いことはない。

だから、楽しみを乗り越えたところで遊んでいた。その根底にあったのが「負けられない」という強い気持ちだった。

「勝ちたい」欲は厚化粧と同じ

動物は強い遺伝子を持ったものが生き残っていくとされている。それと同じように、人間の素の部分にも、遠い昔からＤＮＡに埋《う》め込まれている競争意識というものがある。

そんな人間の性《さが》があるからなのか、私のところに相談などにやってくる人の大半は「勝つ」ことばかりを考えている。それも、勝負事の本質を理解せず、表面だけを取《と》り繕《つくろ》うかのような「勝ち」を欲している。

ほとんどの人の「勝ちたい」という気持ちは、化粧《けしょう》みたいなものでしかない。素の部分、素顔から発せられる「負けない」ではなく、化粧のように表面上の「勝ち」を求めているだけなのだ。

しかし本来の競争意識というものは、もっと動物としての素の部分、本能に近い部分に存在している。それは「勝ちたい」という限度のない欲ではなく、「負けない」という本能的な思考だ。

「負けたら終わり」という競争意識は、人間だけでなく、動物も持っている。彼らは、必要以上の争いはあまりしない。本能的な競争意識というのは、必要に迫《せま》られたときにだけ出てくるものなのだ。

ところが今の人間は、必ずしも必要ではない力や能力といったものをふんだんに身につけ、しなくてもいい争いをしているようにしか見えない。「勝ちたい」という限度のない欲に囚《とら》われている人ほど、その傾向は強いといえる。

勝つために余計な能力を身につけたり、必要以上の力をつけたりするのは、いわば「厚化粧」と同じだ。

女の人にたとえればそれはわかりやすい。化粧をとったらだれだかわからない、というような厚化粧の人がよくいる。それは化粧ではなく、化《ば》けの皮《かわ》。化けの皮を剝《は》げばその人のすべてが露《あらわ》になる。

厚化粧はその人のシミやシワを隠すために行われる。それと同じで、勝つためだけに身につけられた力は、その人の持つ弱点を隠すためだけに存在しているといっていい。

弱点を隠すためだけの力は醜《みにく》い。「勝ち」に囚われてしまっている人の勝負も醜い。そこからは、いいものはあまり出てこない。それは私の目指す〝勝負〟とは正反対のところに位置している。

「勝ち」を求めすぎると弱くなる

字面《じづら》だけ見て、「勝ちたい」は前向きで、「負けない」は後ろ向きとの印象を抱く人も多いかもしれない。でも、私から見れば「勝ちたい」は厚化粧をしてなんとか見られる人、「負けない」はすっぴんできれいな人、というくらいの違いがある。

私の好みは、化粧をしてきれいな人より、すっぴんできれいな人。だから、赤ん坊もとてもかわいいし、きれいだと思う。

人間は成長するに従って、着飾ったものや化粧に誘惑されやすくなっていく。それは外見だけでなく、〝心の化粧〟や〝能力を着飾る〟ということも含まれる。出世するために、権力を得るために、金を得るために、化粧の上に化粧を重ねている。

さまざまな化粧を重ねることで「勝ち」を拾っていこうとする卑《いや》しい人間はいくらでもいる。それが今の時代の「勝ち」の姿なのだ。

書店にたくさん並んでいる本を見渡してみても、そこで訴えているのは勝つために必要な上辺《うわべ》だけの方法やテクニックばかり。それらはすべて上《うわ》っ面《つら》の化粧の仕方を教えているだけだから、読んだ人が素の部分で真の強さを獲得し、成長していくことはまずないだろう。

化粧した「勝ち」を求めすぎると、人間はどんどん弱くなる。たまたま勝って、そのときは強くなったような気でいるかもしれないが、素の部分では弱体化している。

化粧ばかりしていると皮膚が外気にさらされる機会が減っていく。健康な肌を保つには、たまには皮膚を外気にさらしたり日光に当ててやったりすることも必要だという。

だが、化粧をすることに囚われた人は、化粧をしないと表に出られなくなる。もはや化粧をすることが自己目的化してしまい、化粧なくしては生きていけないのだ。皮膚はどんどん弱くなっていく。外気にさらしていないと弱くなるのは自然の摂理でもあるのだから、当然の帰結というものだろう。

それが「化粧」ならまだいい。しかし、「生き方の化粧」をひっぺがされたらなにもできないというのはどうか。それは、もはや素の自分では生きていけない、ということだ。「勝ち」を求めるあまり、人間の質そのものが劣化してしまった、ということだ。

現代社会は表面上は豊かかもしれないが、内面的にはけっして豊かとはいえない。日本は豊かさを求めて進んできたはずなのに、大きな悲劇があちこちで起きている。

〝勝ち＝豊か〟ではないし、〝勝ち＝強さ〟でもない。それは時代が証明している。それなのに、自分自身に化粧をしようとする人がいっこうに減らないのはなぜなのだろう。

格好よく勝つのは百年早い

拙著『人を見抜く技術』（講談社+α新書）が売れたこともあって、以前にもまして私のところに相談が多く来るようになった。メール、手紙、直接私が主宰《しゅさい》する麻雀《マージャン》道場雀鬼会《じゃんきかい》へ……方法はまちまちだが、あらゆる相談が私のもとにやって来る。

そんな数ある相談の中で多いのが、「勝つための技術を教えてください」というもの。そう言ってくる人たちは、「『負けない』技術を教えてください」とはけっして言わない。「勝つためにはどうしたらいいんですか？」と、上っ面の答えを教えてもらおうとする。

中には「格好よく勝つにはどうしたらいいんですか？」などと聞いてくる人もいる。そんなとき、私はこう応《こた》える。「格好よく勝とうなんて百年早いよ」と。

これは、私のところへ相談に来た人だけに言っているのではない。私も含め、すべての人に言えることなのだ。

格好よく勝とうと思っても、そんなことはなかなかできるものではない。それに、「勝ちたい」という欲に囚われてしまっている人の「格好いい勝ち」は、ひどく醜い。

それなのに、「醜い勝ち方」が「格好いい勝ち方」なのだと多くの人が錯覚《さっかく》してしまっている。

私は、「格好よく勝つ」より「格好よく負ける」ことを考えたほうがいいと思っている。

先日、雀鬼会の道場生に「格好よく勝とうと思わないで、格好よく負けることを考えたら」とアドバイスしたことがあった。するとその者は、その後の対局で圧倒的に勝った。「格好よく負ける」には、〝心構え〟から〝体構え〟まで、心身の両面がきちんと備わっていなければならない。その第一歩は「勝ちたい」という欲を捨て去り、心身から必要のない力《りき》みを消していくことだ。

その道場生は、「格好よく負けよう」と思った途端、思考からも、動作からも、力みが抜けていった。心構え、体構えはまだまだだが、結果としてその対局では大勝を収めた。

自分の喜びのためだけにやる勝負なら、大した勝負とはいえない。勝っても負けても、相手から「いい勝負だった」と思われれば、その勝負は間違いなく〝いい勝負〟である。

仮に負けたとしても、相手を恨《うら》むのではなく、「いい勝負をさせてもらった」と感謝することが大切だ。なぜなら、負けることで自分の弱点を教えてもらい、そこからもっと強くなるための工夫ができるのだから。相手を認め尊敬していれば、なおさら相手の喜びを自分の喜びのようにもできるはずだ。

勝つことも負けることも、起きたことをすべて受け入れ、楽しむという感覚がとても大事なのだ。

負けることをただマイナスとして否定してばかりいては、進歩はない。負けることも〝勝負〟をつくる大事なことと捉《とら》える感覚が、〝いい勝負〟を生むのである。

「格好よく負ける」ことが、結果として「負けない」ことにつながる。「格好よく勝つ」など欲にまみれたことは考えず、まずは「格好よく負ける」ことを意識する。本当の〝強さ〟は、きっとそこから生まれてくる。

プレッシャーを消す「負けない」

日本の優勝で幕を閉じた二〇〇九年の第二回ワールド・ベースボール・クラシック（WBC）。メイン開催国であるアメリカ本国での盛り上がりはイマイチだったようだが、代表チームが決勝に駒《こま》を進めた日本と韓国では大いに盛り上がった。

韓国の選手は、今回も「日本だけには負けたくない」という強い気持ちを前面に出していた。日本の選手ももちろん、「韓国に負けてたまるか」という気持ちがあったのだろうが、その気持ちの強さの面では韓国に遠く及ばなかった。

「日本に負けたくない」の中にある〝負けられない〟〝負けない〟といったひたむきな姿勢、心意気は、両国間の歴史なんぞは抜きにして大いに私の好むところだ。

大会時、日本代表につけられた愛称は「侍《さむらい》ジャパン」。しかし私は、日本の選手より韓国の選手に「侍魂」を感じてしまった。中でも、韓国の監督にはそれを強く感じた。

野球のレベルから見れば、韓国は日本より明らかに下だと思う。しかし、一人ひとりの向こう意気、負けまいという気持ちはものすごく強い。その強い気持ちはプレッシャーを撥《は》ね除《の》け、一人ひとりの可能性を広げていく。

「負けるわけにはいかない」という気持ちを強めれば強めるほど、不思議とプレッシャーは感じなくなる。

逆に「勝ち」を求めてしまう人は、どこまでもプレッシャーにつきまとわれることになる。「勝ち」ばかりを追いかけると視野は狭《せば》まり、自分の技量以上のことをしようとするようになってしまう。それがやがて、大きなプレッシャーを生み、そのプレッシャーに足を引っ張られて負けてしまったりするのだ。

「負けない」は「勝ちたい」より純粋なぶん、余計な考えも入らず、プレッシャーを感じることもなくなる。だから「負けない」というアプローチで勝負事に挑《いど》む人にはプレッシャーは存在しない。

イチローのWBCでの苦悩の理由

そう考えると、今回のイチロー選手は「勝ち」にいってしまったのかもしれない。

野球好きの方はご存じだと思うが、イチロー選手の在籍するシアトル・マリナーズは弱い。少なくとも二〇〇八年まではそうだった。イチロー選手が打ったとしても負けることが多く、正直、イチロー選手の心の中にも、「このチームで勝利の美酒は味わえない」という思いがあったと思う。

長いシーズンを戦う中で、あるいはチームの態勢の中で負けが見えてしまう。イチロー選手には、そうとう辛い状況であったに違いない。

そんなとき、日本に代表として戻ってきたら、代表チームはそこそこ「いけそうだ」というチームだった。メジャーリーグでの所属チームが低迷しているだけに、「このチームだったら優勝できるかも」という気持ちが強く出てしまった。

イチロー選手は、日本代表の中で、自分の仕事や記録を追求するのではなく、気持ちが「勝ち」にいってしまった。その結果、とてつもないプレッシャーに襲《おそ》われることになったのではないか。

私は、アジア地区・東京ラウンドの日本戦を二試合ほどスタジアムで観戦したが、イチロー選手は体が硬く、いつもの動きではなかった。試合前の練習からずっとそうだった。投げる、走る、打つ、すべての動きが本来のイチロー選手ではないし、体調の不完全さを強く感じた。

いつもならほれぼれするような投げ方をしているのに、どこかぎこちない。なにかどこかに偏りがある。同行していた雀鬼会の道場生に「イチローはちょっとおかしいね」と言うと、その道場生は「イチローはスロースターターだから、大会の序盤はいつもこんなもんですよ」とまったく意に介《かい》さなかった。

みなさんご存じのように、日本はその後、WBCで連覇を成《な》し遂《と》げた。そしてイチロー選手が胃《い》潰瘍《かいよう》を患《わずら》っていたということが大会後に判明した。

イチロー選手の不調は、胃だけの問題ではなかったと思う。しかし、胃をやられるというのは勝負師の宿命だ。逆に考えると、あれだけの記録を毎年続けながら、今までシーズンを通して体調を保ち続けてきたイチロー選手がすごいといえる。勝負をする以上、また、それが真剣であればあるほど人間は胃を痛める。

私は胃潰瘍にまではなったことがないが、代打《だいう》ち時代の大勝負の前には胃に異変を感じた。それは、胃に刃物をあてられたような鋭《するど》い痛みだった。

私の場合は、大勝負をしている最中ではなく、その前に必ずそういった胃の変調を感じた。どうなるかわからない、勝負がどっちに転《ころ》ぶかわからないというところに楽しみを感じてはいたが、その反面、怖さや不安といったいろいろな感情も出てきた。楽しみと不安の間を行ったり来たり。大勝負の前はいつもそんな感じだった。

裏麻雀の世界における代打ちは、普通の麻雀とはまったく異なる。「負けたら次に取り返せばいい」では済まない。「負けたら終わり」の世界だった。

負けたらおれはこの町から消えるとか、自分の命を消すとか消されるとか、そういうところまで自分を追い込んでいた。自分の命がかかっているのだから、当然負けられない。もちろん、私の対戦相手たちも同じ状況だった。

チームの牽引役《けんいん》だったイチロー選手にとって、今回のＷＢＣはそういうギリギリの戦いだったに違いない。プレッシャーと戦いながら、個と全体の間で葛藤《かっとう》を続けていた。心身ともに状態が悪い中で。

ギリギリの勝負は胃にくる。そんな中で胃へのダメージを少しでも軽減するには、プレッシャーの中で「楽しむ気持ち」を持ち続けるしかない。そういったギリギリの状況で戦えることに、勝負できることに感謝しつつ、ワクワクする気持ちを持ち続ける。恐怖や不安といったマイナス思考と、ワクワクするとか、楽しいといったプラスの思考の間でバランスを取りながらやっていくことが大切なのだ。

いい「勝ち」と三大本能の関係

人間には欲があるから「勝ち」にいってしまう。「勝ち」にいく勝負が欲の支配する戦いだとすると、「負けない」というのは人が持つ本能からくる戦い方だ。

欲のない動物や生物は「勝ち」にいくことはない。生きとし生けるものすべてが本来持っている戦う姿勢が「負けない」なのだ。

親交のあるヒクソン・グレイシーは、「負けない」という姿勢で戦っていた稀有《けう》な格闘家だ。彼は、私にこう言ったことがある。

「勝負に勝敗はある。だが、その中で私は、勝つことよりも相手と戦うことに喜びを感じている。いちばん気をつけているのは、戦いの中で自分が怪我《けが》をせず、相手にも怪我をさせないということだ。両者がともに怪我をせずに戦いを終えることが、勝負における私のいちばんの狙《ねら》いどころだ」

私もヒクソンと同じような意識で戦ってきた。リングと麻雀卓、勝負をする環境こそ違うが、戦う中で、私はいつも相手に怪我をさせたくない、と思っていた。「どうだ、痛いだろう」「ほら、動けないだろう」「これ、苦しいだろう」ということはやってきた。しかし、必要以上に攻めて相手に怪我をさせることはしなかった。

これが「勝ち」にいく戦い方だと、たちまち相手に怪我をさせることになる。「勝ち」だけを求め、欲の世界にまみれてしまうと限度がなくなってしまうのだ。

勝利者の喜びばかり追いかけていると、その裏にある悲しみに気づかなくなる。あるいは気づいていても、その痛みを理解できないほど鈍感になる。

当たり前のことだが、勝負には勝者がいて敗者がいる。勝者の喜びの裏には必ず敗者の悲しみが存在することを忘れてはいけない。

限度を超えた「勝ち」だけを求める戦いはなにも生み出さない。そこに残るのは敗者の悲劇だけだ。

私も、若いころはその加減がわからず、相手を徹底的に叩きのめしてしまったことがある。「勝負は勝てばいいんじゃないの?」というところが最初はあった。

だが、勝負を続ける中でだんだんとわかってきた。勝つことが、どれほど負けている者を傷つけているかということを。それから、私の勝負観は徐々に変わっていった。

勝負を続ける中で「勝ち」が重なってくると、欲がどんどん膨《ふく》らんでくる。それが人間の性でもある。だからこそ、その欲をできるだけコントロールできるようにすることが大切だ。欲にまみれた勝ち方ほど格好の悪いものはない。

人間には食欲、睡眠欲、性欲と、本能からくる欲が三つある。この三つの欲がある程度満たされていればそれでいい、というくらいの感覚を持っていれば、それ以外の欲に惑《まど》わされることは少なくなってくる。客観的に自分を見て、「今の自分は欲に惑わされている」と気づけるようになってくる。

欲をコントロールするのは、自分だけの問題ではない。生きていれば、周囲からさまざまな欲が入り込んでくる。我欲だけではなく、他欲も入り込んでくるから、コントロールできなくなってくる。

欲が自分の欲だけだと思ったら大間違いだ。我欲があって他欲がある。それを認識して初めて、欲のコントロールが可能になる。

「満足」より「納得」が大切

「己《おのれ》に勝て」という言葉があるが、実際、勝負事において本当に負けてはいけないのは、相手ではなく己である。最終的に自分に勝たなくては、目先の勝負においていくら勝利したとしても、とても勝ったとはいえないし、そのような勝ち方しかできない人は、やがて勝負そのものにも勝てなくなっていく。

私は、「自分に負けない」ということは、自分に対してごまかしのない姿勢で歩み続けることだと考えている。そして自分をごまかさないためには、敵を外ではなく内、つまり己の中に置いておかなければならない。

通常の考え方であれば敵は自分の外にあるものだ。勝負の敵以外にも、自分にとって悪い感覚、悪い要素なども敵となる。たとえば体が悪いとか、持って生まれた病気とか、そういったものも人は敵のような感覚で捉えている。

しかし、敵が己の中にあると考えると、今までまったく意識していなかったものまで敵となって表れてくる。自分の性格や価値観など、今まで敵として意識していなかったものの中に敵がいるかもしれないのだ。

自分の中に感じる新たな敵とは、ひたむきに戦わなければいけない。その戦いを経ることで初めて他者と、対戦相手と戦うことができる。

自分の中の敵と戦い、己の一部分を理解できた人は、対戦相手のことも理解できるようになる。そうやって勝負の中で人として成長していくことこそ、勝負の最大の魅力だと私は思っている。

己を知るのは難しい。私も、自分自身のことは一生かけてもきっとわからないだろうと思う。だれもが自分を知らないまま死んでいく。

その時々、ところどころで、「おれってこうかな」と少しわかるときもある。しかしそれは、時間が経つと違うものに変化していたりする。その変化があるからこそ、生きているおもしろさ、楽しさがある。

人は変わっていくものだ。そして変わっていくことに、納得することが大切だ。満足するのではない。変化に満足してしまうと、そこから変化できなくなってしまう。

また、満足することを求めてそれができないとなると、今度は不満がどんどん大きくなり、矛先《ほこさき》が外に向くようになる。すると、人を許せないという気持ちが強くなったり、人に物を求めることだけが多くなる。

「納得」と「満足」――同じような言葉だが、人生においては満足ではなく、納得していくことが大切なのだ。

毎日を納得して生きていると、そこに「感謝」の気持ちがおのずと起こってくる。人生の質はこの「感謝心」がどれくらい多いかで決まる。大切なものをたくさん持っている人は自然と「感謝心」が多くなってくる。

敵を己の中に置くと、その人の人生は納得できるものへと変わっていくはずだ。結局のところ、「自分と戦う」ということは、自分に納得するためなのである。満足でなく、納得するために人は己と戦うべきなのだ。

そして、「負けない」と「勝ち」という捉え方でいえば、納得を求める人は、満足で得られる「勝ち」を求めない。「負けない」人というのは、あくまでも納得することにこだわりを持ち続ける人なのである。

わざわざ負ける努力をする人たち

私が麻雀を始めたころ、不思議に思ったのは「なんで、みんなわざわざ負ける努力をしてんの？」ということだった。みんな勝ちたい一心で麻雀をしているのだろうが、それが負けるほうへ、負けるほうへといっていた。

社会で生きる人たちも、「勝ちたい」「成功したい」と思って努力をしているのだろうが、私の目には、ほとんどの人が〝負ける努力〟をしているようにしか見えない。成功するために人を騙《だま》したり、欺《あざむ》いたり。そんなことをして成功したとしても、それが本当の勝利だとは私にはとうてい思えない。

騙しや欺きを用いて収めた勝利はとても脆《もろ》い。麻雀でも、卑怯《ひきょう》な手を使う人間がたまたま勝ったとしても、その「勝ち」がずっと続くということはない。安定感に欠け、放っておけば必ず自ら勝手に崩《くず》れていく。

麻雀は本来、振り込みと和了《アガ》り、つまり「与えること」と「得ること」のバランスの上に成り立っている。

しかし、ダメな麻雀を打つ人は、自分が「得ること」だけ、和了りだけを求めて相手を見ようとしない。これは「勝ち」の欲に囚われてしまっているからで、つまりは全体を見る目を持っていないのだ。それゆえ判断、行動のバランスが偏り、ついには自ら崩れてしまうことになる。

このように「勝ちたい」「勝ちたい」という欲のままに突っ走っていると、じつはそれは〝負ける努力〟をしていることにほかならなかったりする。ほとんどの人が、この事実に気づいていない。

では、〝負けないための努力〟はどうやってすればいいのか？

それをひと言で表すとするならば、「必要なことだけやっていく」ということに尽きる。世の中には、その人にとって必要なものと不必要なものとがある。その中で、必要なものだけを選び取り、その場その場において的確なことをやっていれば、それはいい方向に向かっていく。

必要と不必要は循環して回っている。必要なものがめぐってきたときは、そのままそれを生かしていけばいい。不必要なものがやって来たら、そのときは耐える。必要なものがまた巡ってくると思いながら耐え、〝そのとき〟をじっと待っていればいいのだ。

自分を捨てられる人は負けない

必要と不必要の話をもう少し具体的に述べてみたい。

とある冬、薄着のあなたは太陽の光を浴《あ》びて体を温めていたとする。そのときに雲が太陽の光を遮《さえぎ》ってしまった。そんなとき、あなたならどんな対応をするだろうか？

私から見ると、「勝ち」にこだわる人たちはみな、太陽の光を求めて歩きだしてしまう。ただ単に、雲が流れ去るのをじっと待っていればいいだけなのに、それができない。

自分の知識やテクニックによって状況を打開しようとしてしまうのだ。その気持ちが雲のないほうへと足を向かわせてしまうわけだが、それは「自滅」への道にほかならない。

現代人の体の中には、知識やテクニックが染《し》み込んでしまっている。今の世の中そのものがテクニック一辺倒になっているので、それもいたしかたないことかもしれない。パソコンができなければ「時代遅れ」だと罵《ののし》られ、携帯電話が操作できなければ「バカ」だといわれる。そのせいで、すっかりまいってしまっている人もたくさんいる。

しかし、私自身はパソコンも携帯もできないが、それでも「バカ」とは思われていない。ただの雀荘のオヤジだが、今の世の中でこうやって本なども出している。

要は自分の存在、立ち位置を、知識やテクニックがなくても通用するところ、感覚で勝負できるところに置いていればいいのだ。感覚でものごとに対処していけば、「知識だ」「テクニックだ」とやっている人たちより、優れたところをきっと見せられるはずだ。

〝負けないための努力〟をしたいなら、知識やテクニックといったものを捨てる、あるいは〝頼らない〟というところから始めなければならない。

「それは違うんじゃないか？」という感覚を持ちながら、「ほかになにかないかな」と必要・不必要を取捨選択していけば、おのずといい条件がそろう。いい条件がそろえば、結果として「負けない」ことにつながっていく。

このようにして、〝負けないための努力〟はまず、知識やテクニックに頼っている自分を捨てることから始まる。そんな〝自分を捨てる気持ち〟がないと、新しいものは取り入れられない。そうしたこともせずに、おいしいところだけそのまま取り入れようとしても、事はそんなに都合のいいようには運ばない。

まわりの人たちを見ていて思うのだが、人間は、なかなか今までに築いてきた自分を捨てることができない。「得る」という気持ちばかりで、「捨てる」という感覚になれない。仮に、それが自分にとって悪いものだとしても、いつまでも抱え込んでいたりする。

知識やテクニックも、自分にとって悪いものがあれば取り除いていかなければならない。しかも、それを他人に頼るのではなく、自分でできるようにすることが大切だ。自ら取り除けるようにならないと、その力が自分のものになったとはいえない。

自分の内面にあるものの中には必ず〝善《よ》し悪《あ》し〟がある。その〝善し悪し〟をしっかりと自覚して、悪いものを捨てていく。それも一気にではなく、少しずつ。

なぜなら、全部を一度に捨てようとすると、それは悪しき完全主義のような思考となり、〃病《やまい》〃を招く結果になるからだ。だから少しずつ、悪いものを半分ぐらい捨てていく感覚を持つといいだろう。

悪いものが溜《た》まったら半分、そしてもとの半分になったらまたその半分を捨てていく。新聞紙を半分に切ってその片方を捨てていくようにして、それをくり返していけば、やがてあなたの内面にある悪いものはとても小さくなっているだろう。それが私のいいたい〃負けないための努力〃なのだ。

負けの九九パーセントは「自滅」

私は、仕事でも人生でも、「負ける」という行為の九九パーセントは「自滅」だといっていいと思っている。

実際にスポーツ、経済、ギャンブル、あらゆる世界でくり広げられている勝負において、「負け」の原因をつぶさに見ていくと、圧倒的に多いのは自滅で負けを引き寄せているパターンである。

裏麻雀の世界で代打ちをしていた時代、私が特段なにかしているわけでもないのに、相手が勝手に墓穴を掘って、みるみる沈んでいくのを目にしてきた。ほとんどの対局がそんな感じだった。

だから私は、いつもこう感じていた。「おれが強いんじゃない。みんなが勝手に自滅しているんだよ」と。

「たいがいの人が勝手に自滅していく」ということは、勝負の世界のみならず、仕事や人生、そして社会全体にもいえることだ。それは、しかるべきことをしかるべきタイミングでやらないで、不必要なことばかりしてしまうからにほかならない。

簡単に言ってしまえば、「勝ち」を求める人は、その動機や行動に自滅の要素を孕《はら》んでいる。しかし、「負けない」ことの意味を理解し、「負けない」ための思考と行動を取ることができれば、少なくとも自滅は避けられる。

エコロジーの問題などはそのあたりのことを端的に表していると思う。現代社会は科学技術、進歩、開発、経済といったものを優先し、そういったものにしか価値を見出《みいだ》せなくなっている。しかしそれは、私には、自然を破壊するために躍起《やっき》になっているようにしか見えない。自然の破壊、それは人類の自滅に通じる道でもある。

われわれは自然と共存していかなければいけないのに、今の世の中は、それとは逆の道を歩んでいる。このまま自滅の道を歩み続ければ、やがて食料がなくなっていく。われわれの食欲を満たしてくれるのは自然の恵みだ。我々の命をつなぎ止めている自然がなくなれば、人類は滅亡するしかない。

経済社会の基盤をなしているもののひとつが、世界に張りめぐらされている交通網だ。車だってもちろん必要だろう。しかし、いくらたくさん車があったとしても、車は人間の食欲を満たしてくれることはない。

人間には「食べなければ死ぬ」という基本原則がある。その基本原則は、人間だけでなく、生物すべてに通じることだ。それなのに人類は、自然を貪欲《どんよく》に消費の対象とし、生きるために必要な食料を自ら減らしていっている。そのために、最低限の食事もできないような人たちをさらに増やしている。

ある日、突然に、魚がすべて消えてしまう可能性だってないわけではない。それなのに、いつまでも魚はいると思っているのが人間の浅薄《せんぱく》さだ。世界中の植物が枯《か》れ果ててしまうことだってありうるのだ。

太古から地球はたびたび氷河期という、生物種の危機となる低温期を経験している。しかし、これはあくまでも自然の壮大なサイクルのひとつであって、人類が自ら招いた環境危機ではない。

われわれは自らの欲求を満足させるために、地球を人工的な危機に追いやっていることに気づかないといけない。自滅への道を転がり落ちるスピードは、加速度的に上がっている。

たとえば、海水の温度がわずかに一度か二度上がっただけで、珊瑚《さんご》は死滅してしまうといわれる。珊瑚が死ぬということは、水の浄化ができなくなるということだ。

陸から流れ出た水を、珊瑚やそのほかのいろいろな生物が浄化してくれている。そして、その浄化された海でさまざまな生命が育まれているのだ。そういう循環性を途絶えさせてしまえば、われわれの生命も当然循環しなくなる。

そんな自滅への道を、すでにわれわれは歩み出していることを知らないといけないだろう。

確証や保証を求めると弱くなる

「二年目のジンクス」などという言葉に表されるように、勝負の世界ではジンクスを気にする人が多い。そこに理論や確証といったものはなにもないのだが、「そうなることが多い」というだけで、ジンクスという言葉で片づけてしまうようなところがある。

それと同じように〝いいこと〟が続くようにと、縁起《えんぎ》を担《かつ》いだり、験《げん》を担いだりする人もいる。プロの世界でもそういう人がたくさんいる。

こういったジンクスを信じたり、験担ぎをしたりする人たちは、ある種の〝マニア〟だと私は思っている。ひとつのものごとを一生懸命やっている人ほど、そういう考えに陥《おちい》りやすいものだ。

スポーツの世界でプロにまで進めるのは、ほんの一握りの人たちだけだ。ひとつのことに夢中に取り組み、ほかのものを犠牲《ぎせい》にしながら技を磨《みが》いてプロの世界にまで上り詰める。

プロとまではいかなくとも、さまざまな分野で活躍する有望な人、熱心な人は、私のいう〝マニア〟になりやすい。〝オタク〟といってもいいかもしれない。

スポーツの世界では、そういう人たちを〝マニア〟や〝オタク〟とはあまり呼ばない。しかし、私からすると野球選手は〝野球マニア〟みたいなもの。ビジネスの世界で大成している人は〝お金マニア〟だったり、〝お仕事マニア〟だったりする。なにも秋葉原にいる人たちだけが〝マニア〟だったり〝オタク〟だったりするわけではないのだ。

そして、そういう人たちほど、ジンクスや験を気にする。

〝マニア〟な人たちは、ひとつのものごとに集中してしまう体質で、常になにかにこだわっていないと生きていけない。だからどうしても、ジンクスや験といったものにもこだわってしまうことになる。

私は勝負師として生きてきたわりには、そういったこだわりがあまりない。麻雀をするとき、タバコを置く位置や飲み物の種類などにこだわっている人はまわりにたくさんいた。でも私は、過去をふり返ってみても、ジンクスや験を気にしたことはなかった。

ジンクスを信じたり、験担ぎをする人というのは、マニュアルや定説といったものに頼ってしまうところがある。自分の根底にある不安を打ち消すために、確証や保証を求めてしまうのだ。

確証や保証がないものは受け付けない。それが現代人の性だ。世の中が近代化されるにつれ、人々は確証を求めたり、あるいは保証された立場を得ようとしたりするようになった。

確証や保証を求める現代人の性は、人間の〝本性〟であって〝本能〟ではない。本能の力が衰退してしまったがために、本能で判断していかなければならないところを、確証や保証によって補《おぎな》おうとしているだけなのだ。

確証を持てる、保証されるということは、「勝つ」ということのひとつのバリエーションであって、これも「勝ち」の論理からくるものだ。現代人の抱える「勝ち」への際限のない欲求がこんなところにも表れている。

私は勝負事においても、人生においても確証を求めたりはしない。確証なんかより〝そんな気がする〟っていう程度でいいと思っている。

〝そんな気がする〟がやがて確証になっていくということはあるが、確証が先にくることはない。頭で考えるのではなく、まずは本能で感じたものから答えを導き出す。それが「負けない」強さをつくっていく。

現代を生きる人々に欠けているのは、そういった本能で感じ、判断していく姿勢なのだと思う。

第二章　「負けない」ための技術

二兎どころか百兎を追え

もはや死語だろうが、かつて「ながら族」という言葉が流行《はや》ったことがある。どちらかというとマイナスのニュアンスで使われる言葉だが、しかし私は、この〝ながら感覚〟はいいものだと思っている。

私はなにをやっていても、そのひとつのことだけに囚《とら》われることはない。それは〝ながら感覚〟が絶えず自分の中にあるからだ。なにかをしながら、いつも必ずほかにもなにかをしている。不思議と、それが逆にいい意味での集中力を生むのだ。

麻雀《マージャン》を打っているときも〝ながら感覚〟で打っている。道場で麻雀をしながら、ほかの卓の道場生たちの様子を観察している。「あいつはタバコを欲しがっているな」とか、「あ、飲み物買いにいくな」とか、ちょっとした動き、仕種《しぐさ》から道場生たちの心を読む。

そういう〝ながら感覚〟を常に持っていると、気持ちに余裕が生まれ、頭も冴《さ》えてくる。なにかをしていても、目の前のことだけに囚われず〝ながら感覚〟でいる。目の前のことだけに集中して囚われてしまうとまわりが見えなくなるし、変な緊張感を生んだりして、メリットはあまりない。

「真面目に目の前のことを一生懸命やれ」とか、「一点に集中しろ」などともいうが、一点集中型の真面目な人ほど失敗を恐れ、その恐れる気持ちが逆に大きな失敗を生み出してしまう。だから、「○○しながら」は不真面目、一点集中型は真面目という考えは私にはまったくない。

雀鬼会では、対局中の私語は禁止されている。しかし、そんな中でも、私は先に述べたようにまわりを観察したり、心の中で歌をうたいながら牌《パイ》を打っている。そうしてなるべく目の前のことに囚われないようにすることが、本当の集中なのだ。

日本の教育自体が「目の前のことに集中しなさい」という教え方になってしまっているから、余裕のない人間がどんどん増えている。「二兎《にと》を追うものは一兎をも得ず」と徹底してたたき込まれる。

本当は、二匹どころか百匹くらいの兎《うさぎ》を追うくらいの気持ちがないといけない。ひとつのことではなく、一〇〇個のことを捉《とら》えていく、というくらいの気持ちがないと、人間は成長していかないのだ。

ひとつのことしかやれないというのなら、それは気持ちに余裕がない証拠だ。余裕がないのなら余裕をつくればいい。気持ちの余裕、動きの余裕、すべてに余裕を持ってやっていれば、焦《あせ》ったり、迷ったり、悩んだりすることも少なくなる。

余裕は徐々につくっていけばいい。二兎を追えない人にいきなり百兎を追わせるのは、いくらなんでも無理というものだ。二兎、三兎、四兎と自分の中のキャパシティを徐々に増やしていく。

キャパシティを増やしていけば余裕も生まれ、気づくことも多くなってくる。そして勝負事は、この〝気づき〟の多さでその勝敗が決するといってもいい。

つまり心に余裕を持つということは、「負けない」ことと深く関係している。「負けない」ためには、一匹でも多くの兎を追う感覚がとても大切なのだ。

スルーする感覚で強くなる

若い人たちが、無視することを「スルーする」という言い方で表現したりすることがあるが、私は、それとは違う意味の自分独自の感覚でスルーを使っている。

私は、なにごとに対しても〝スルーする感覚〟を持っている。それは、たとえるなら、一度自分の中に通してから後ろに抜いていくような感覚である。

たとえば、〝いいもの〟は自分の中に留《とど》めておきたいものだが、私は必要以上に留めることをせず、そのままスルーする。反対にそれが〝嫌なもの〟であっても、放り投げたり、無視したりせず、必ずスルーしてその存在を確かめる。「まあ、とりあえず全部受けときましょうか」、そんな感覚で私はものごとをスルーしている。

私がなぜものごとをスルーするのか？

それは、「あるがままの自分」でいたいからだ。

どんなに〝いいもの〟であっても、それを自分の中に溜《た》め込んでしまえば、そこに〝囚われ〟が起こる。そうなると、もはや等身大の自分ではいられなくなる。

〝嫌なもの〟もまったく無視してしまうと、なぜ嫌なのか、なにがダメなのかわからないままに終わってしまう。

この〝スルーする感覚〟に慣れてくると、〝いいもの〟〝嫌なもの〟の取捨選択がバランスよくできるようになる。そうすれば、その場その場での臨機《りんき》応変《おうへん》な対応も可能となる。

自分の中だけでなく、他人をもスルーできるようになると、さまざまなことに気づくようになる。

この場合、けっして相手の心を読んでいるわけではない。相手の心の中を通り抜けることで、いろいろなことを感じ取ることができるのだ。それらの気づきは、「いま、伝えといてやろうかな」ということもあれば、「気づかぬふりをしておいたほうがいいな」ということもある。

スルーすることには、メンコのようにひっくり返すおもしろみがある。裏側にあるものをひっくり返して表にしてしまうおもしろさ。自分もひっくり返るし、相手もひっくり返る。するとそこに素の人間が現れる。それが楽しい。

表と裏がそろって初めて、〝形〟が現れる。世の中のあらゆることには、表があって裏がある。現代社会はとかく表だけを取《と》り繕《つくろ》う風潮がはびこっているので、いびつな形になってしまっているものが多い。

だから私は、いびつな形の人間が身近にいれば、「裏側を見せて」とまずはそれをひっくり返す。最初は抵抗を示す相手も、徐々に裏側を見せることに慣れ始め、最後は素の自分に戻っていく。

要するに人間は、表と裏、両方を自覚して初めて素の自分になれるのだ。人間は、善と悪という粘土を絡《から》ませてつくられたようなものなのに、悪を内面に隠し、善だけで取り繕っている人も少なくない。それは、善と悪を表と裏のように分けて考えるからそうなってしまうのだ。

中には善のほうが悪の分量より多い人もいるだろう。しかし、それはあくまでも分量の違いであって、善と悪を両方持っていることには変わりない。人間を表裏一体と考えるように、善と悪も分けて考えるのではなく、「両方持っている」と捉えることが大切なのだ。

いつもきらびやかな表側だけを見せている人は、どこか嘘《うそ》っぽく、脆《もろ》い。それとは逆に、裏も表もなく、表裏一体となってあるがままの自分をさらけだしている人には柔らかい強さがある。

日々の生活の中で〝スルーする感覚〟を持ち続ければ、あなたの中にもきっと、そんな柔らかい強さが育っていくはずだ。

ビギナーズラックの必然性

賭《か》け事の世界では、初心者が瞬《また》く間《ま》に大金を稼《かせ》いだりすることがある。いわゆる〝ビギナーズラック〟というやつだ。

そういう初心者に対して「ラッキーだね」とか、「ついてるね」という言葉だけで片づけてしまってはいけない。ビギナーズラックはけっして偶然ではない。ビギナーズラックは起こるべくして起こっているのだ。

「難しく考えない」――ここにビギナーズラックの必然性がある。人は、ものごとがわかってくるとだんだんと難しく考えるようになる。知識や情報が増え、考えが広がってくると、そこに迷いが生じてくる。

麻雀にも難しい手とやさしい手があるが、だが、ビギナーはどれが難しい手でどれがやさしい手かわからない。直感によって、もっともシンプルな手を持ってくる。そしてそのシンプルな手が結果的に「勝ち」へとつながっていく。

勝負は複雑にすればするほど、「負け」へと近づくことになる。勝負の世界でも「シンプル・イズ・ベスト」ということがいえるのだ。

こうやって本なども出している私だが、正直なところ、難しいことはまったくわからない。さまざまな分野の〝先生〟と呼ばれる方々ともお付き合いがあるが、そういった先生方は難しいことを本当によく知っている。

私は、難しいことは本当にわからない。簡単なことしかわからないのが私であるから、話せることも簡単なことだけだ。だが、そうやってシンプルに生きてきたから、麻雀の代打《だいう》ち時代も「負けない」でやってこられたのだろう。

「簡単なものほど、じつは難しかったりするじゃないですか」と聞いてくる人もいる。しかし、私からすれば「簡単なものは簡単」。そのままなのだ。多くの人は、簡単なことなのに、それを難しく考えすぎてしまう。複雑にやろうとしてしまう。だからできなくなっているだけのことなのだ。

人間関係にしても、その関係が複雑になればなるほど修正が利《き》かなくなってくる。「複雑な家庭環境」などといったりもするが、そういう複雑な環境で育った人はいろんなことに修正が利かず、心のあちこちに大きな傷を負《お》ってしまっている。

ヒモが複雑に絡み合うと解《ほど》けなくなってしまうように、人間関係も複雑に絡み合うと解決することが難しくなってくる。だから人間関係というヒモを結ぶにしても、自分の手でほどける程度の〝結び感覚〟を養《やしな》っておかなければいけない。

「シンプル・イズ・ベスト」の考え方は、勝負事のみならず、その人自身の生きざまにもいい影響を及ぼすようになる。それにはものごとをとにかく簡単に、シンプルにしていくことである。

ものごとを複雑にしていくことは、一見したところ、高等なことをしているように感じられるかもしれない。複雑にしていくことが賢いことだと多くの人が思っている。ましてや現代社会は情報過多《かた》の状態だから、複雑さにも拍車《はくしゃ》がかかっている。そんな世の中だからこそ、複雑さを整理してシンプルに考えていくことが必要だ。

雀鬼会でも、私がやるとシンプルなのに、道場生たちにやらせると複雑にしてしまってできない場合がある。道場生たちは複雑にすることで自分の知識が広がる、力も伸びるという教育を受け、育ってきた。そしてその思考の癖《くせ》から逃れられないでいる。だから私がシンプルにやることを真似《まね》できない。

私は複雑なこと、難しいことをどんどん捨てて、シンプルにしていこうとする考え方でやってきた。思考も動作も、多様化していることをひとつに束《たば》ね、シンプルなものにする。それが少しずつできるようになれば、〝ビギナーズラック〟がビギナーにしか起こりえないものではないことを実感できると思う。

どんな業種でも、どんな仕事でも、それぞれに〝道〟がある。そしてその道にある程度通じた人たちは、傍《はた》から見るとじつにシンプルな処置でものごとを解決していく。じつはそれこそが「負けない」コツでもあるのだ。

シンプルであることが持つ意味

いざ勝負の場に立ったとき、どれだけ速く、そして強く相手を攻撃できるか。それを実践するには、まず〝シンプルであること〟が条件になる。

「言葉」もそうだろう。なにかを伝えようとするとき、長々としゃべり続けるより、必要なことだけを簡潔に伝えたほうが相手に届くものだ。

相手に伝わりづらい理由は、考えすぎて話を複雑にしているからだ。さらに伝えることに時間をかけていると、その伝えたいことのいくつかが相手に届く前に欠落していく。

勝負における攻撃も、これと同じである。余計な思考が混じれば、そのぶんスピードが損《そこ》なわれ、相手に準備する時間を与えてしまう。それでは相手を有利にする一方だ。

ただし、シンプルといっても、多彩な攻めをしないということではない。考えをめぐらせすぎてムダな動きをしないということであり、たとえテクニックを持った人間でも、それに頼るような戦い方をしないということである。

理《り》に適《かな》った動きはムダがなく美しい。こういった動きにはスピードが加味され、力も最大限に発揮《はっき》できる。

思考に頼り、テクニックに走ってしまうような戦い方は、技《わざ》だけに囚われた小手先の攻撃になりやすい。小手先の攻撃では、相手に与えるダメージも小さく、それでは「負けない」戦いなどできるわけがない。

なにより「負けない」攻めとは、テクニックのようなものではなく、シンプルに全身全霊を込めて向かっていくときに、初めて生まれるものなのだ。

日常における「自分磨きゲーム」

人間、年を取ってくると物忘れが激しくなる。なにをどこに置いたのか、その場所になにをしに来たのか、一瞬わからなくなる。そういうことはだれにでも何度か経験のあることだろう。

もちろん、この私も、昔に比べればずいぶんと物忘れをするようになった。しかし、ちょっとした試練を日々の生活の中に入れていくだけで、自分を磨くことはできる。試練という と言葉が重いが、ゲーム感覚で自分を鍛《きた》えていくことはできるのだ。

私が家にいるときにやっている「自分磨きゲーム」はこうだ。

自分がいる部屋からほかの部屋へなにかをするために移動する際、一〇個ほどの〝やることを瞬間的に決める。

たとえば、寝室からリビングに移動しようとしたとする。

そのとき、私はひとつの用件だけではけっして移動しない。一度に一〇個ぐらいのやることを決めて、目的の場所へ行く。タバコを置いて、タオル持って、お茶入れて、お風呂に湯を張って、といった具合に一〇個。

それを昔は瞬間的にやっていて、いつも一〇個間違いなくできていた。やり残しなどけっしてなかった。しかし、最近ひとつかふたつ、「あれっ？」と忘れてしまうことがある。いわゆる〝不注意〟というやつだ。

そんなことは以前はなかった。ということは、私にも衰《おとろ》えが出始めているということなのだろう。

忘れてしまったことがひとつ、ふたつあったとき、私はゲーム感覚で「ああ、負けちまったなあ」「おれも弱くなったなあ」と感じている。でも、そうやって勝負の感覚を自分の中に持ち続けながら、自分を磨いていくことは大切なことだ。一〇個いっぺんにできる人は、ひとつ、ふたつしかやってこなかった人間より必ず強くなれる。

私の妻は、「あれ？　台所でなにしようとしたんだっけ？」というようなことをよく言っている。妻はひとつの用件を忘れてしまっているのだが、私は先に述べたように、ひとつの用件ではけっして動かない。「一個じゃつまらん。一〇個やってやろう」という気持ちで日々自分を鍛えている。

一〇個のやることを決めるのは瞬間的なもので、時間をかけて決めていては無意味だ。「思いついたら動いていた」という感覚を日々の生活の中で養っていく。生活の中でこそ、そういった瞬間的な動きは育《はぐく》まれる。

世の中には〝待っていいもの〟と〝待つ必要がないもの〟がある。瞬間的にやることを決め、それを実践する癖をつけていけば、〝待っていいもの〟と〝待つ必要がないもの〟の見分けも瞬時にできるようになる。その見分けがつかない人間は、なにかを見落としたりするようになる。

待つ必要がないものは、どんどん済ませていく。そんな感覚を培《つちか》っていかないと、すべてにおいて〝間に合わない〟人間になってしまう。

逆に言えば、〝間に合う〟人間は瞬時の判断力や「負けない」感覚を持ち、さらには人への気遣いといったこともできる。

日々の生活の中にそんな「自分磨きゲーム」を取り入れるだけで、いろいろなことに通用する感覚、精神を養うことができるのだ。

勝機を摑む人、摑めない人

勝負事の流れの中では、「勝機」というチャンスが必ず訪れる。麻雀でも卓を囲んでいる四人それぞれに〝ここ〟という瞬間で勝機が訪れている。じつは、そうした勝機はだれにでも訪れているのだが、それは必ずしも平等ではない。仕事や人生においても同様だ。

勝機を呼び込むには、さまざまな力が必要となる。努力や忍耐だけで勝機を呼び込めることはなく、流れを読む力やその人の素質、勝機との相性なども密接に関係してくる。

〝勝機との相性〟とは、訪れた勝機と自分が合っているか合っていないかということ。訪れた勝機に自分が合っていればそれは勝機になるし、合っていなければそれは〝勝機〟ではなく、ただの〝機〟になってしまう。

だから勝機と合わないときには、「どうやったら合うようになるのか」を模索《もさく》していく。さもないと勝機を多く導くことはできない。

この合わせる感覚を摑《つか》むには、いろいろなことに対して〝合わせていく〟ことが大切だ。目の前にバカがいたらバカに合わせる。そういうことから始める。子どもがいたら子どもに合わせる、年寄りがいたら年寄りに合わせる、弱っている人がいたら弱っている人に合わせる、そんなふうにいろいろなことへの〝合わせ方〟が必要なのだ。そういうことを全部やっていないと、勝機というものに数多く当たることはできない。

「チャンスは待っていても訪れない。自ら摑み取るもの」と言ったりするが、私の考えはちょっと違う。チャンスはみんなすでに摑んでいる。いや、〝摑む〟という表現がよくないのかもしれない。チャンスはあなたにペタっと〝くっついてくる〟ものなのだ。それもほんの一瞬。

チャンスをものにするかどうかは、そのほんの一瞬に、自分にくっついてきたチャンスを感じ取り、どう活用するかにかかっている。

勝機に合わせられない人がいるように、くっついてきたチャンスに気づかない人がたくさんいる。確かに、チャンスは目に見えるものではない。

その存在は、「風」にたとえればわかりやすいだろうか。風も目に見えないが、「強い風だなあ」とか、そよ風のように「気持ちのいい風だなあ」と感じることはできる。

チャンスや運といったものは風のように動いている。あっちに行ったり、こっちに来たり、あっちにくっついたり、こっちにくっついたり。道場で若い子らの対局を見ていても、「今、あいつにくっついてんのになあ」とか、「もっと活用すればいいのになあ」と思うことがしばしばある。

チャンスの風はいくらでも吹いているのに、それを感じることのできない人がたくさんいる。それは、ものごとに対して人間が鈍感になってしまっている証《あかし》でもあるのだ。

チャンスを感じ取れたとしても、そのチャンスが自分の能力以上のものだった場合には、チャンスに追いつくことができず転《ころ》んでしまうようなときもある。

チャンスに置いていかれることを少なくするには、普段からチャンスに追いつけるように脚力、瞬発力を磨いておかなければならない。

チャンスというのは、自分の居場所を探し求めて常にうろうろと動き回っている。チャンスだけでなく、運も、勝ちも負けも、すべてが動き回っている。それらの動きを感じる力がないと、チャンスも運もふっと離れていってしまう。

感じる力の基本は、都合がいいか悪いかの感覚、さらには愉快か不快か。普段の生活の中で、そういった基本的な感覚を養っていくことが、結果的にチャンス＝勝機を逃さないことにつながるのだ。

悪手で勝つ誘惑を断ち切れ

勝負の現場には必ず〝流れ〟が存在する。そしてその流れには、正しいものもあれば間違ったものもある。常に正しいことをしていればちゃんと流れに乗れるというほど、勝負は単純なものではない。

麻雀の場合、その流れが〝正しい流れ〟なら正着《せいちゃく》を打っていれば流れに乗れる。しかしその流れが〝間違いの流れ〟だった場合、時に正着を打っていては流れに乗ることができないことがある。

〝間違いの流れ〟の場合、間違えた打ち方のほうがいい結末へ辿《たど》り着くこともある、ということだ。勝負というのはそういうものだ。ただし、それは「条件つき」の話である。

この〝間違いの流れ〟を自然にたとえると、荒れた海のようなものだ。漁に出た船が荒波で沈没してしまった、というニュースをたまに耳にすることがある。海を知り尽くしたプロの漁師でも荒波にのまれてしまうことがあるのだ。いくら正しい技術を持っていたとしてもも、〝間違いの流れ〟となった荒波を乗り切ることはできない。

「海が荒れているなら漁に出なければいいじゃないか」と思う人もいるだろう。もちろん、プロの漁師だってそんなことは百も承知だ。

でも、「これくらいならいけるな」と判断して海に出た際、野球のイレギュラーバウンドのように突如《とつじょ》として流れを変化させる〝間違いの流れ〟に遭遇《そうぐう》してしまうことがあるのだ。

このように、人知のとうてい及ばないような〝流れ〟がある。これは自然の摂理《せつり》、道理のようなものかもしれない。そしてその流れは、あらゆる世界に通じている。もちろん、勝負の世界も例外ではない。

〝間違いの流れ〟が起こっているときは、正着の手より、間違いの手や悪い手を打ったほうがいい結果になることがある。でも、そういった場面では、悪い手を使って勝ちにいくのではなく、あえて敗者になったほうがいい。

もし、〝間違いの流れ〟に悪い手で乗ってしまうと、今度は〝正しい流れ〟が来たときに合わせられなくなってしまう。

いかに〝正しい流れ〟に合わせられるかが自分の力の試《ため》しどころになるわけだから、本来、そんな〝間違いの流れ〟に合わせる必要はまったくないのだ。

先程例に挙げた、野球の試合中にたまに起こるイレギュラーバウンドもそうだ。イレギュラーバウンドというのは、余程グラウンド状態が悪くないかぎり、そう頻繁《ひんぱん》に起こる現象ではない。せいぜい一試合に一度起こる程度だ。そんないつ起こるかわからないものに対して構えていたら、今度は普通のゴロが捕《と》れなくなってしまう。

〝間違いの流れ〟が目の前に現れたとしても、そのときも正しい姿勢を貫《つらぬ》けばいい。そうすればやがて、〝正しい流れ〟がやって来る。そのときをじっと待てばいい。それが「負けない」ことにもつながっていく。

麻雀の場合は、〝間違いの流れ〟はたびたび起こる。でも、そんなときこそ正着を裏切ってはいけない。私は困難な〝間違いの流れ〟の中にいるときこそ、勝負をおもしろく感じる。場が荒れているときこそ正着を貫く。

辛《つら》くても厳しくても、我慢してスタイルを変えなければ、やがて〝正しい流れ〟がやって来る。それこそが「負けない」技術なのだ。

どれだけ素の状態でいられるか？

「こんなことできるわけがない」

「こんなことをやるのは、おかしいんじゃないか？」

人はだれしも先入観や思い込み、固定観念というものを持っており、それに囚われて生きている。そのことが、気づかないうちに日常のさまざまな場面における自分の行動を制限してしまっている。

私は、ものごとを見るときに、そういった感情や観念を心の外に捨て、素の状態で見るようにしている。今、起きていることをまっさらな状態で見てみるのだ。

すると、「こんなことはできないだろう」と思っていたことが、力を入れないでフッとできたりすることがある。

素の状態で見ることができれば、それは「負けない」強さというものにつながってくるのである。

私は海が好きで、暇《ひま》を見つけては海に出かけている。自然と触れ合うところが私にとってなによりの遊びの場であり、五感を鍛える場であり、休息の場なのだ。

夏休みには毎年、雀鬼会のメンバーと伊豆《いず》の海へ行く。そこで「なにか捕《つか》まえてこいよ」と若い道場生たちに素潜《すも》ぐりをさせるのだが、三〇分経《た》っても、一時間経っても、彼らは獲物を捕《と》らえられない。

そこで今度は私が潜る。そして数分で獲物を捕まえて陸に上がると、道場生たちは「なんで、こんな短時間に捕まえられるんですか?」と驚く。

私は、海の中では素の状態でものを見ている。〝見ている〟という表現は適当でなく、この場合は〝感じている〟といったほうがいいだろう。素の状態で感じているから、ほかの人には見えないタコやヒラメが見える。

以前、南の島へ遊びにいったときは、岩場に隠れている亀のタイマイを見つけ、捕まえた。

二〇メートル以上の深さの岩場に潜《ひそ》むタイマイは岩と同化している。そんなものを上から見ても普通はなかなか気づかない。しかし、素の状態で感じようとすれば、タイマイの気配はわかるのだ。

素の状態になるということは、その場その場に〝合わせる〟ということでもある。タコやヒラメが周囲の背景に合わせて色を変えるように、その場に合わせて生きていく。なにかに囚われている人はなかなか色を変えられないので、その場に合わせていくことができなかったりする。

その場に合わせていくといっても、なにも「八方美人《はっぽうびじん》になれ」ということではない。八方美人というのは、自分の都合のいいものだけに合わせていく。そこにあるのは打算であって、自然の流れは存在しない。

けれども、私のいう〝その場に合わせる〟というのは、都合のいいもの、悪いもの、すべてを含めて〝合わせる〟ことを指している。

日々、〝合わせること〟をやっているうちに、いつも素の状態でものごとを見ることができるようになり、それが強さとなるのである。

手の内を明かすことを恐れない

「素で見る」というのは、いってみればリラックスした状態に自分を置くことでもある。人間は素の状態になったときにもっともリラックスし、もっとも強さを発揮する。

勝負に強い人、「負けない」人は、緊迫した場面でもリラックスしている。だから柔らかい動き、思考が可能となり、どんな変化にも対応できるようになる。さらに、いつも素の状態だから平気で手の内を見せたりする。

勝負において手の内を明かさないことは、ひとつの有効な戦略として考えられている。サッカーのワールドカップやその予選時に各チームが「非公開」で練習したりするのも、手の内を明かさないためだろう。

確かに、秘《ひそ》かに準備を進めておけば、相手に先んじることもあるかもしれない。

しかし素の状態でリラックスしていれば、そもそもそんなことをする必要などなくなる。「負けない」人は、手の内を明かして、その欠点が相手に知られたとしても、逆にその弱いところで戦えるほどの強さを持っている。それこそが〝本当の強さ〟なのだ。

気持ちのレベルで考えれば、手の内を見せないというのは、その時点で自分の不利な点、弱点を意識しているということの表れでもある。それは気持ちのうえで、すでに相手にどこか負けているということだ。

そんな状態で一度か二度、たまたま勝ったとしても、本質的にはもろい。当然、その「勝ち」は長く続かない。

逆に言えば、「負けない」勝負をしていくには、素っ裸でいられるようにすればいいということだ。そういう気持ちでいればいるほど、その人の強さや可能性はどんどん伸びていくはずだ。

「ブレない軸」の身につけ方

前述の格闘家ヒクソン・グレイシーは、柔らかい動き、力の抜き方を身につけている数少ない人間の一人である。彼が戦った相手の多くは、力を抜いた押さえ込みでまったく身動きができなくされ、最後に締《し》め技や関節技で仕留《しと》められている。

「力を抜く」とは、ムダな力を取るということでもある。自分の中からムダな力を取り、相手の力をも奪《うば》ってしまうのだ。

力を抜いた動きができるようになると、相手が攻めてくる力を吸収して、それを相手にそのまま撥《は》ね返すことができる。

ヒクソン・グレイシーが力を抜いたときは、みごとに「軸」が立っている。たんに力を抜くだけでは軸は崩《くず》れてしまう。本当に力を抜くということは、軸が立った状態でないとできないのである。

軸が立っていればブレることもない。逆に言えば軸が立っておらず、ブレる状態だと体が揺《ゆ》れてしまうので、酔《よ》ったり、気分が悪くなったり、調子の悪い状態が引き起こされたりする。気持ちの悪い状態に自分を置いていて、いいことが起こるわけがない。

世の中には波長や揺れ、流れなど、科学では解明しきれないものが無数に存在する。

この間も、道場で湯呑《ゆの》み茶碗のお茶に映《うつ》っている蛍光灯《けいこうとう》の光を見ていて感じたことがあった。

その光は、人が入ってくるたびに揺れ動いていた。あるいは人が大きな声を出しただけでも揺れていた。そんな蛍光灯の光を見て、「ああ、人の存在とはこんなにも揺れたり、揺らしたりするものなのだ」と実感した。

人間は軸が立っている状態がいい。ただ、それはピシッと立っているような感じではなく、どちらかというと、この蛍光灯の揺れる光のようにふわっと流れに身を任せているような感じだろう。

そういう感覚になったときに初めて、軸の立った状態になったといえる。

つまり、猫背《ねこぜ》だろうが腰の曲《ま》がった人であろうが、体から力の抜けたふわっとした状態の人は軸が立っているのである。本当に力の抜けたいい状態とは、じつはこの軸が立っている状態なのだ。

「流れ」を軸にできる人は強い

私が子どものころは軸の立った人がまわりにけっこういたが、今の時代ではあまりお目にかかることのない珍《めずら》しい存在になってしまった。

スポーツ、あるいは体を動かすということは〝動〟から始まる。そして〝動〟によって強さを磨き勝負に勝つ。〝動〟によって相手を動かしていくのだ。しかしその〝動〟のさらに上に、〝静〟というもので相手を動かしていく領域がある。

禅《ぜん》の達人などは、この〝静〟を持っている人だといえる。

人は、自分の想定の範囲を超える動きに直面すると、なかなか対処できないものだ。そして、だからこそ〝静〟の必要性が生じてくる。「冷静」という言葉からもわかるように、〝静〟を知っていればすぐパニックになったり、驚いたりすることもなく、なにが起きても、静かに対処、対応できるようになる。静かな状態だからこそ、〝動〟の中で起こっていることに気づくこともできる。

そして、〝動〟でも〝静〟でもなく、それを超えたところに、〝流れ〟というものがある。その流れを感じる人は強い軸を持っている。

風や雲、あるいは川などを見ていれば、自然の流れを感じることができるだろう。それと同じような流れの感覚を自分の中に見つけていけば、おのずとそのような軸が立ってくる。

大地に生える木を見たとき、あなたはどこに軸を感じるだろうか？

きっとほとんどの人が、木の幹《みき》の部分に軸を感じるはずだ。しかしそれは人間の主観でしかない。

木は、幹がしっかりしているから立っているのではない。大地の中にしっかりと根を張っているから立っていられる。つまり、木の軸は幹ではなく、大地の中にあるのだ。軸というと、一本まっすぐ伸びていくものをイメージするが、本当はそうではない。軸というものには形もなければサイズもない。軸はどんどんと広がっていく。そしてその広がりが、無限の可能性を生み出すのである。

「型」にこだわると弱くなる

武術などの世界では決まった「型《かた》」を習《なら》い、その型を究《きわ》めていくというやり方がある。空手や柔術、合気道などによく見られる「○○流」というのがそれだ。

そういった流派に属する人たちは型にこだわる。流派に属さずとも、自分のスタイル、得意技を持っていて、「型にはまれば強い」と評される人もいる。相撲《すもう》などで「右四つ（あるいは左四つなど）になれば強い」といわれる力士は、それが自分のスタイルになっている。

確かに、型を持つことは勝負において強みとなる場合も少なくない。「このパターンに持ち込めば負けない」という型があれば、それは時に強みとなりうる。

しかし、型にこだわりすぎると〝変化〟についていけなくなってしまう。型は固定観念となり、その人の心と体を硬くする。柔軟性を欠いてしまっては、変化についていけなくなって当然だ。

　くり返し述べてきたが、勝負事にしろ、世の中にしろ、その人を取り巻く状況は常に変化している。その変化にいかに、そしてどう対応するかがカギなのであって、型にこだわりすぎてはならない。

「型にはまれば強い」というのも、裏を返せば「その型で戦えなければ弱い」ということでしかない。常にまわりの状況が変化している中で、自分の型になるのをじっと待っているだけでは、いつまでたっても〝本当の強さ〟をものにすることはできない。

　私が主宰《しゅさい》する雀鬼会も〝雀鬼流〟と呼ばれている。しかし、雀鬼流はけっして「型」ではない。この本の中で述べているような勝負や人生についての私の考えを総称して雀鬼流と呼んでいるだけであって、決まった型を教えているわけではないのだ。

　私は道場生たちに「変化を感じ取り、対応できる人」になってもらいたいと思っている。そして私も、日々変化していく道場生たちから多くのことを学ばせてもらっている。雀鬼流で重要なのは型ではなく、それ以前の基本動作であったり、柔軟性をともなった思考と動きなのだ。

私に「変化」を教えてくれる師匠《ししょう》、それは「自然」だ。

海へ行けば、海中に潜むいろいろな生物が、私に変化することの大切さを教えてくれる。海の中にはまわりの色に合わせて体の色を変化させるタコやヒラメはもちろん、潮の流れを見ながら体勢や動きを変えるものなど、さまざまな生物が常に変化しながらそれぞれの生を全《まっと》うしている。私は、そんな大自然と触れ合う中で、生きることは変化することそのものだということを教えてもらった。

人間も自然の一部だ。社会や周囲の状況の変化に対応できる柔軟性を持っていなければ、そこで息が詰まってしまう。

ところが今、多くの日本人が変化に対応できていない。

「あの学校に行かなければ立派な社会人にはなれない」

「それはうちの会社のやり方ではない」

「こんな給料では生活できない」

などと言いながら、身を硬くして変わることを拒絶し、自ら衰退の道を辿《たど》っている。

仕事のやり方にしろ、思考やライフスタイルにしろ、決まった通りにしていれば楽だし、安心だ。だが、そこにこだわりすぎると変化に対応できなくなってしまう。

「柔軟に対応できていないな」と感じたら、自然と触れ合い、変化することの大切さを学ぶのがいちばんだ。少なくとも、私はそうやって生きてきた。

自分の方程式を壊してみる

テクノロジーの進歩で人々の生活はどんどん便利になっている。しかし表面上は便利でも、その裏でものごとはとても複雑に絡み合っている。

そんな複雑化してしまった社会の中で生きる現代人は、考え込んだり、迷ったり、日々いろいろなことに悩まされて生きている。

悩みすぎた人たちはすっかり自信を失い、私から見ればまるで病人のようだ。

そんな生《い》ける屍《しかばね》のような状態にならないよう、強く生きるためにはどうしたらよいのだろうか。

勝負の世界で生きてきた私の経験からいうと、「感ずるままに生きる」ことが人を強くする、といえる。

勝負というものは常に変化している。われわれが生きる社会も同じように変化している。いつも、永遠に一定ということはありえない。

そんな中で悩んだり、考え込んだりしてしまうのは、変化に対応できていないからだ。現代には変化に弱い人があまりにも多いのだ。

今、「百年に一度の大不況」などと騒がれているが、景気は勝負と同じで、常に変化する。いいときもあれば悪いときもあるのに、人間は〝いいとき〟だけを見ようとする。だから悪いときに対応できなくなってしまう。

景気や勝負のみならず、川の流れも雲の流れも、絶えず変化している。「ものごとは変化して当然」という感覚を常日ごろ持っていれば、いちいちそれに惑《まど》わされずに済む。

固定観念が強いと変化に弱くなる。知識や情報をもとにした自分の方程式にこだわっているから、状況が変化してもついていけなくなってしまうのだ。

固定観念をそのつど消し去り、〝感ずる〟ことを大切にしている人は変化に強い。なにがどう変わったのか、なにがどう変わっていくのか、それを感じることができるから、時と流れの変化にもついていけるのだ。

「気づき」の度量で勝負は決まる

〝感ずる〟には感性と感覚が必要だ。「感性」は性格みたいなもので、人間だれもが持っているもの。「感覚」は〝気づき〟から始まるもので、考えるものではない。気づける度量が広がっていけば感覚も磨かれていく。

損得勘定だけでものごとを捉えず、一人ひとりが〝気づき〟の度量を広げていけば、今の世の中も少しはましな方向に進んでいくことだろう。

考えすぎる世の中は〝病《やまい》〟を増やす。社会の病、人間の病、いろいろな病が次々に生まれてくる。昨今、うつ病の人が増えているという事実も、そのことを如実《にょじつ》に物語っている。

しかし、考えてものごとを捉え、行動していく時代はもう終わった、と思う。そのことに気づき、もっと〝感ずる〟ことを大切にしていけば、病にならずに助かる人は確実に増えていくはずだ。

多くのことに感じ、気づくにはどうするか？

それにはまず、人間関係以前のところから感じたり、気づいていかないといけない。それは自然界から学んでいくのがいちばんいい。

自然は〝ありのまま〟だ。そのありのままの世界から気づいていくことが人を成長させてくれる。

それは別に大自然の中でなくともできる。街中を吹き抜ける風から天候の変化を感じ取るのもひとつの〝気づき〟だし、道端に咲《さ》いている一輪の花に季節を感じるのも〝気づき〟なのだ。

自然界というのは本能の世界でもある。だから、自然に近づいていくと人間も本能が目覚めてくる。すると、それまで眠っていた本能が磨かれたり、働いたりするようになる。そういう相互作用をくり返すことで、本能の部分から〝気づき〟が生まれてくる。

〝気づく〟ことができるようになると、人は元気や勇気などさまざまな〝気〟を自分の中に持つようになる。そして多彩な〝気〟を持っている人は、やがて気遣いのできる人間になるものだ。

勝負は〝気づき〟の多さで勝敗が決する。ということは当然、気遣いのできる人は勝負にも強い。単に「勝ち」だけを求めるのではなく、〝気づき〟や〝感ずる〟感覚を磨いていく。そんな努力が現代人には今、もっとも必要とされているのだと思う。

第三章　強くなるには、どうすればいいか？

「答え」を求めない強さを持つ

だれもが小さいころから学校で勉強を教わる。それはすべて「答え」があるもので、現代社会は「答え」をたくさん覚えるほど、いい学校に入れて、いい会社に入れるシステムになっている。そしてそれが〝成功〟だともてはやされる。

しかし人間は本来、「答え」のない世界に生きている。人間とはなにか？　地球とはなにか？　宇宙とはなにか？　そうしたものをひと言で表せる正解など、どこにも存在しない。だが、われわれは「答え」のあるものに慣れてしまって、なにに対しても「答え」を見つけないと心が不安になってしまう。

私が言う「強さ」の意味も、じつは言葉で的確に表現できるものではない。つまり、それは「答え」がないということだ。「強さ」だけを求めても、「答え」は出てこない。「答え」がないということの中に、じつは〝負けない強さ〟が隠れている。そのことを、己《おのれ》の心と体で感じるしかないのだ。

マニュアルに慣れてしまった現代人は、「答え」という定まったものがないと不安でしかたがない。そこで、そんな不安を解消するため、確証や保証といったものをほかに求め始める。地位や名誉、金、権力といったものは、すべてほかに求めた確証のひとつの形にほかならない。

この世に生きているかぎり、確証などどこにも存在しない。それなのに現代人は確証があると思って生きている。だから弱くなる。

利口な人は、ものごとを確証や保証といったものに結びつける理由づけがうまい。現代では、そんな人が利口とされている。

だが、それは、多くの人がバカ呼ばわりされたくないがために、わざわざ人間として弱くなることを学び、利口ぶっているようにも思えるのだ。

確かなものはなにもないと思え

確証がないと人間には不安や恐怖といった気持ちが起こってくる。それは人間の本能ともいえるもので、この私も、確証や保証を求める気持ちを少なからず持っている。しかし私は、その一方で、最終的に確証などこの世に存在しないと知っている。

確証がないと思っていれば、答えや確証を強く求めることもなくなる。確証を求めるのは、確証がない世界の恐怖から脱出するためであって、それは人間の根源的な弱さからくるものだ。

だが、「確証など存在しない」と思ってさえいれば、そんな弱さを少しずつであっても克《こく》服《ふく》していくことができるようになる。

自然科学には定理や公式があり、そこには答えが必ず存在する。そのような確証のあるものを小さいころから学んでいれば、どうしても「確証は間違いなくあるもの」という感覚になりやすい。

そんな人が実際に人生を歩んでいくと、確かだと思っていたことにことごとく裏切られることになる。最初から確証などないと思っていればどうってことはないのに、〝確証漬《づ》け〟で生きてきた人は、ちょっと裏切られただけで挫《ざ》折《せつ》してしまったりする。

世界的な大不況の影響で、世界に名を馳《は》せていた大企業が次々と潰《つぶ》れていった。どの企業も、何年か前までは「その会社に入れば一生安泰《あんたい》」と思われていた企業ばかりだ。しかし、永遠の繁栄などありえないことは過去の歴史が証明している。

「この世に確かなものはなにもない」――そんな認識を持つだけで、人の生きざまはかなり変わってくると思う。確かなものがないと思っていれば、固定観念に囚《とら》われることも少なくなり、心に柔らかさが生まれてくる。その柔らかさは間違いなく人を強くする。

「負けない」人間になるには、タフでなければならない。そのタフさを手に入れるためにも、まずは「答えを求めない」「確証などない」という気持ちを持つところから始めてみてはどうだろう。

いいすがり方をすれば負けない

私には孫が何人かいて、よくわが家にも遊びに来てくれる。孫たちと触れ合っているといろんなことに気づかされる。この間も、まだ赤ん坊の孫が母親を求めて泣いている姿を見て「人は〝すがる〟生き物なのだ」と深く感じた。

赤ん坊のころは、自分でなにもできないから親にすがって生きる。人間の〝すがる〟精神は、こうやって幼いころに体の中に刻《きざ》み込まれていく。だから、どうしたってその〝すがる〟精神が体から抜けきることはない。

〝すがる〟精神は、やがて成長するにつれ、愛やお金、友人や家庭、仕事や趣味、夢や希望といったものを対象としていく。こうして人は、いつもなにかにすがって生きていくことになる。

もちろん、この私だって例外ではなく、いろんなものにすがって生きている。六〇歳をすぎ、だいぶ人生を歩んできた気がするが、その意味ではいまだなにひとつ自立感はない。

このように人はだれもがすがって生きていくものなのだが、そのすがり方やすがる形を間違えると、生き方そのものが偏《かたよ》ったものになってしまう。

「三つ子の魂《たましい》百まで」の言葉にもあるように、人間は三歳までの間に親に〝いいすがり方〟ができたかどうかで、その後のすがり方が決まってくる。つまり、子どもが求めるタイミングで親がどれだけ子どもをすがらせてやることができるかどうかが、その子にとって人生の大きな分岐点《ぶんきてん》となるのだ。

自分の満足のいくすがり方ができなかった子どもは、根深い不満が残ったまま大人になり、〝依存〟というおかしな形のすがり方をするようになってしまう。それはやがて〝依存症〟という形で表れてくる。〝オタク〟や〝マニア〟と呼ばれている人たちも一種の依存症だが、現代人の多くも愛情やお金や仕事にすがりすぎた依存症なのだ。

人間にはすがる気持ちがあって当然なのだが、それが偏ってくると心がだんだん弱くなり、〝すがり〟が〝依存〟となる。心が弱くなれば人生の勝負にも負けが込むことになる。

しかし多くの人が自分が依存症となっていることに気づいていない。弱くなって負けて、さらに負けて弱くなって……と依存症の度合いを自ら深めてしまっている。

「ワラにもすがる」とよくいうが、依存症の度合いを深めてしまった人たちは、私にはワラにすがっているようにしか見えない。だが、いってみればいまの世の中は、社会そのものが〝ワラ〟だらけのようなものだ。お金もワラ、愛情もワラ。そんな状況の中でワラにすがって助かるわけがない。

子どもがすがる母親も、〝ワラのような母親〟が増えてしまった。現代人はあらゆる部分で本能が薄れているが、女性特有の本能である母性本能もきっと薄れてきているのだろう。

母親がワラであれば、それにすがった子どもは身を持ち崩す。そして日々、依存症の度合いを深めながら人生のバランスを崩し、負のスパイラルへと巻き込まれていく。

弱くなって、負けの込んだ人生を抜け出すには、まず自らの依存症を自覚し、その偏りを正していく必要があるだろう。自分のすがり方は偏っていないか？　依存になってはいないか？　と。

自分を負けない状態に置いておくには、その人なりの〝いいすがり方〟を身につけていかねばならない。

「褒めて育てる」への疑念

先日、ある教育関係の企業から講演会に呼ばれることがあった。そこで聞いたのは、現代の教育方針として「褒《ほ》めて育てる」というものがあるということだった。

生徒からしてみれば、いい成績を取って褒められたいだろうし、先生もそういう成績の優秀な子を育てればまわりから褒められる。

しかし、指導する立場の人間がその「褒めて育てる」という方針を持っていては、教え子を「負けない」人間へと導くことはけっしてできないだろう。

先日、雀鬼会の道場生から女物のチビTをプレゼントされた。私は、とりあえずなんにでもチャレンジしてみる質《たち》なので、そのもらったチビTももちろん着てみた。

そのチビTが似合う、似合わないは別にして、この私にチビTをプレゼントしてくれた道場生の気持ち、ユニークさがなんとなくうれしかった。

それからしばらくして、父の日を迎えたとき、私は道場生たちに「父親にチビTを送れ。そしてその着ている写真を送ってもらえ」と指令を出した。道場生の中には親不孝を一〇年続けている者、お父さんが頑固《がんこ》な者、両親とはすっかり疎遠《そえん》になっている者などもいて、親子関係もさまざまだ。

「チビTなど送ろうものなら、『バカやろう！』と怒られるのが関《せき》の山です」という道場生が幾人もいた。「それでもいいから、やってみなよ」と私に促《うなが》され、何人かの道場生が父親にチビTを送ってみた。

すると、「うちの父親は写真どころか、きっとチビTを着ることすらしませんよ」と言っていた者のお父さんから写真が送られてきた。予想に反して、たくさんの写真が子どもたちの元へと届けられた。どの父親もいい笑顔をしている。中には父親から「ありがとう」と言われた者もいた。

世間一般の通念からすれば、父親にチビTを送るということは「バカやろう！」と言われるようなことなのだろう。「出世しました」「給料をたくさんもらえるようになりました」と報告すれば褒められるかもしれないが、五〇歳、六〇歳の父親に女物のチビTを突然送りつけ、「着てください」などと言えば、「バカやろう！」と怒られて当然だ。

だが、チビTを送ったことで「ありがとう」と言われ、お父さんが好きになったという子もいた。

道場生たちのやったことは、常識から見ればちょっとおかしなことかもしれない。しかし、道場生たちの送ったチビTが、それまであった「親子の壁」を崩してくれた。現代の教育にもっとも必要なのはそういう〝教え方のセンス〟であって、優秀な子を育てるノウハウではない。「おまえがよくなったら、おれは喜ぶよ」というようなものだけではないのだ。

チビTを送ったことは、一見、無益でバカなことのようだけれど、それが関係性の壁を崩すことにつながった。一度築いてしまった利口ぶった壁を崩していく、そういう喜びを父親は感じたのだろうし、子どももそれを受けて感動したのだと思う。

「褒める」が生む危険な人間関係

そもそも、「褒めてもらおう」という人間関係は卑《いや》しいものだ。褒めてもらいたいがために、自分の好みではなくても無理に取《と》り繕《つくろ》って、褒めてもらえそうな行動をしようというのだから。

とくに男の子にはそうあってほしくない。男子たるもの、褒められるためになにかするくらいならやらないほうがいい、というぐらいの感覚、気概を持ってほしいものだ。それが少しはまっとうな〝男〟を取り戻すことにもつながっていく。

会社の上司、先生、親に褒められたいためにやる。そんな姿勢の子が増えたから、その

〝褒め殺し社会〟から落ちこぼれた子たちがいろいろな事件を起こすことになる。褒められたいがためにがんばった人たちが世の中の組織の上に立っているから、問題も起きてくる。

今の社会で生きる人すべてにいえるのは、褒められることを求めている一方で、とめどなく人の悪口を言って生きている、ということだ。

褒められたい人間は、褒められなくなると文句ばかりつけるようになる。それで世の中はクレーマーだらけになっていく。だったら、褒めること、褒められることなど求めず、人の悪口を言わないようにしていけばいい。

雀鬼会で、私は道場生たちを褒めることはしない。少なくとも伝達手段として褒めるという行為はしない。状態のよくなった道場生を見て「よかったね」というのはある。それは褒めるのではなく、その過程を認めてやる、ということだ。「キミは自分の力でよくなったんだね」ということを伝えるようにしている。だが、けっして褒めたりはしない。

「褒め殺し」という言葉があるように、「褒める」という行為には相手を抹殺《まっさつ》するようなところがある。だからそこまでいかないように、ちょっと手前で止めたほうがいいこともあるのだ。その子を生かすのであれば、「よかったね」ぐらいの感覚で十分だと思う。

褒められなきゃダメ、褒めなきゃダメという関係は脆《もろ》い。〝ツーと言えばカー〟というように、「わかってくれているんだな」という関係こそ強い関係なのだ。指導者と教え子、親子、いろいろな上下関係があるが、そんなツーカーの関係がもっとも望ましい。

片づける感覚が勝負強さを生む

だれもが日々の生活の中で行っている〝片づける〟という行為。部屋を片づけると、なぜか気分もすっきりとしてくる。

このことからも、物理的な〝片づける〟という行動が心理面にも多分に影響することがわかる。そしてこの〝片づける〟という感覚は、仕事や人生における勝負においても、とても大事なものなのだ。

勝負においては、相手を片づけたほうが勝者であり、片づけられたほうは敗者である。「片づけられる前に自分から片づける」という感覚は、普段から持っておくといいだろう。それが「負けない」ことにもつながってくる。

だから仕事にしても、日々の生活にしても、さっさと〝片づける〟ことがとても大切になる。ものごとをさっさと〝片づける〟には、〝間に合わせる〟〝済ませる〟ということを常に心がけていなければならない。

〝間に合う〟ようになるには、その瞬間、瞬間でいろいろなことに気づき、行動し、済ませていくようにすることだ。

〝済ます〟ことに慣れてくれば、〝済ます〟が〝澄ます〟につながり、気分もすっきりし、以前よりものごとに気づくことができるようになる。そのいい循環を保っていけば〝片づける〟ことが日常的になり、それは勝負事にもいい結果として必ず表れる。

上司や奥さんから「まだやってないの？」とよく言われるような人は、〝間に合わせる〟〝済ませる〟ができていない人だ。〝片づける〟ことができていないわけだから、それでは勝負事においても片づけられるほうに回ってしまうことになる。仕事の流れ、生活の流れのリズムに合わせながら、あらゆるものごとに〝間に合わせる〟〝済ませる〟ことができるようになれば、結果として〝片づける〟こともできるようになるはずだ。

今まで〝片づける〟ことがあまりできなかった人は、とりあえず〝間に合わせる〟ことから始めてみてはどうだろうか。

いい間合いを取れば優位になる

あらゆる対戦系のスポーツに共通していえることは、〝いい間合い〟を取った側がその勝負の主導権を握れる、ということだ。格闘技なら相手の間合いを封じ、自分の間合いに持っていけばスムーズな攻撃が可能となる。

〝いい間合い〟を取るには、相手との距離感やリズムといったものが大切な要素となってくる。ギリギリの距離感を保ちつつ、一瞬の隙《すき》を突く。そういう攻撃をするには〝いい間合い〟を取っておかなければならない。

うまく間合いを取るには、前に行くことだけを考えるのではなく、それに合わせて後ろに行く動きもきちんとできていなければならない。もちろん、左右のフットワークも大切になってくる。目の前の一極に集中せず、前後左右、上下など四極、五極、六極を感じることができなければ〝いい間合い〟を取ることはできない。

〝間合い〟とは、〝時〟でもあれば〝距離〟でもある。〝いい間合い〟を取れる人は、距離感や時間の加減の計《はか》り方がうまく、その場その場であらゆるものごとに対し、的《まと》を射《い》るような対処ができる。

〝いい間合い〟を取るにはまず、距離感を上手に取ることが大切だ。くっついたり、離れたり、その時々で臨機《りんき》応変《おうへん》に対応していく。

それは流れに身を任せるのと似ている。けっして流れに逆らってはいけない。自然の流れに逆らうと間合いを計れなくなってしまう。力を抜いた状態で流れに身を任せ、近づいたり離れたりする。

私の場合、ごく稀《まれ》に、自ら動いて距離感を計ることもあるが、たいてい、なにかに押されるように、あるいはなにかに引かれるように流れを感じながら間合いを取っている。

時間との間合いを身につける

一方、〝時〟に対する間合いとはなんだろうか？　〝時〟に関してもここで触れておこう。

〝時〟というのは、ただ過ぎていくものである。その突端に〝今〟はある。しかしながら、〝今〟というのはあってないようなもの。〝今〟は認識したときにはもう過ぎ去っている。

〝今〟を頭で捉《とら》えることはできないのだ。だからこそ、〝今〟に対してはそこに乗り遅れないようにする感覚が大切になってくる。

だから、時間という間合いをうまく取るようにするには、まず、日ごろから「時間に遅れない」ということを意識することだ。仕事でもプライベートな人間関係でも、「約束は守る」「約束した時間は守る」と意識する。そういうことの積み重ねが〝間に合う〟ことにつながり、やがてそれが〝いい間合い〟となって表れてくる。

ところで、ここでいう〝約束〟というのは、むしろ他人とするものではなく自分とするものだ。

約束を他者とするという感覚を持っていると、どうしてもそこに「自分より上の立場の人との場合は守る」「下の者だと破《やぶ》る」というような差別が出てきてしまう。そんな差別をなくすためにも「自分との約束」が重要になってくるのだ。

自分との約束を守っているかどうか、それはじっと見守るしかない。約束が守れたなら自分に対して「よし、ちゃんと守ったぞ」と思えばいいし、約束が守れなかったのなら「ダメなやつ」と思えばいい。約束を守れたかどうか、それは己がいちばんよく知っている。

そして自分自身との約束が守れたら、〝感謝心〟を自分に向けるといいかもしれない。約束を守れたから立派だとか、偉《えら》いとかそういうことではない。「ありがとう」と自分で自分に感謝する。

それとは逆に、約束を破ったときには自分で自分を叱《しか》る。そのときのために「ごめんなさい」という言葉をいつも用意しておく。「ありがとう」と「ごめんなさい」という言葉をいつも自分の中に持っておくのだ。

間合いを取れない経済人

日ごろの生活で距離感、時間の間合いがうまく取れている人というのは、仕事やスポーツなどの勝負事においても〝いい間合い〟が取れている。反対に仕事やさまざまな勝負事で〝いい間合い〟が取れていない人というのは、日ごろの生活でも〝いい間合い〟が取れていないということなのだ。

近ごろは、社会全体の間合いもまったく取れていない。

経済などはその最たるものだ。間合いがちゃんと取れていないから、世界中が目茶《めちゃく》苦茶《ちゃ》な状態になってしまっている。

今の経済状況の中では、間合いもなにもないほど、すべてが息苦しいほどにくっつきすぎて複雑に絡《から》み合っている。ひとつが崩れるとすべてが崩れてしまう。

とりわけ、「儲《もう》かるけどこれはあまりよくないな」ということには、しっかり間合いを取っていくべきだが、経済人の多くはそんな対応ができないでいる。経済人の中に、経済に対して〝いい間合い〟を計れる人がもっとたくさんいれば、世界経済にここまで不安が広がることはなかっただろう。

私は自然こそ、間合いの達人だと考える。毎日、太陽が出て沈み、月が空に姿を見せるのも、地球と太陽と月の間合いが取れているからだ。海や山へ行くと精妙な自然の間合いがある。たとえば森に入ると、大小さまざまな草花や樹木、動物や昆虫たちが、整然と間合いを取りながら生きていることを感じる。

日常生活の中で間合いを取りながら、自然からもその感覚を学んでいく。〝いい間合い〟を取り、「負けない」戦い方をしていくには、それがとても重要だ。

不得意は「悪い流れ」と捉えよ

自分の欠点や弱点に対してどう振る舞い、どう対応するか、これは生きていくうえでだれしもが抱える大きな課題である。

世に出回っている専門書の中には、「欠点や弱点を克服するより、長所を伸ばすことに力を注《そそ》いだほうがいい」と教えているものがある。それと同じように、「不得意を克服するより、得意技を磨《みが》くべきだ」というような教えも聞いたりする。

そもそも、「得意技を伸ばす」という考え方は、「勝ちたい」という意識の延長線上にある。そこには限度のない欲も見え隠れする。それとは逆に、不得意を克服しようとするのは「負けない」という本能に近い考え方だ。

私は基本的には、「得意技を磨くより、不得意を克服したほうがいい」と思っている。不得意なことを克服したほうが、その相乗効果によって、自分の〝間口《まぐち》〟がどんどん広がっていくからだ。

たいがいの人は、得意なものより不得意なもののほうが多い。ということは、不得意のほうがやることがたくさんある。

私は根っからの〝苦境好き〟なので、断然不得意を克服するほうに惹《ひ》かれる。しかも、やることがたくさんあるのだからなおさらだ。そうやって私は、不得意を克服しながら自分の幅、人間としての間口を広げてきた。

得意というのは、流れでいえば〝よい流れ〟だ。よい流れは放っておいても乱れることなく整然と流れていく。でも、不得意のほうは〝悪い流れ〟なので、放っておくとどんでもないことになったりする。

このように、得意・不得意と分けて考えるより、〝流れ〟のような感覚で捉えれば、そのうちなにかが見えてくるはずだ。

「不得意なものは放っておいて、得意なものを伸ばせ」という言い方は往々《おうおう》にして専門家が用いたりする。でもそれは私からすると、専門家が専門家を育てようとしているだけにしか見えない。間口の狭《せま》い専門家を……。

私は専門家ではないし、道場では若者たちといっしょに人としての道を模索《もさく》している身だ。だから私は道場生たちには、「不得意なことを克服したほうがおもしろいよ」と教えている。

不得意を克服すると得意も伸びる

得意なことを伸ばしても不得意が改善することはないが、不思議なことにその逆、不得意を克服すると得意なことが伸びることがある。

不得意を克服しようとすると、そこに〝工夫〟も入ってくる。すると結果として、その工夫が得意なことをさらに伸ばしたりすることが実際によくある。

「得意だけ伸ばせばいい」という考えは、偏った人間を生み出すことにもつながっていく。本来人間は、得意・不得意両方を見ながら、バランスよく生きていくことが望ましい。

専門家のように固定観念や頑固さといったものを持っていると、そこにしがみつくようになり、ほかのものごとや考え方を受け入れにくくなってしまう。なんでも決めつけて考えてしまうから、世の中には、不得意だと思っていたことがじつはけっこう得意だった、などということもあるのに、頑《かたく》なにそれを認めようとしない。

食べ物の好き・嫌いもそれと似たようなもので、小さいころにまずいと感じたものが大人になってからおいしく感じることはよくある。だから、大人になってから得意だと感じられるようになる不得意もきっとあるはずなのだ。

そういうものを探すためにも、食わず嫌いを押し通すのではなく、不得意へと踏み込んでいったほうが道が開ける。道が開ければ、全体的に自分が伸びていく。人として成長するには、部分的に伸びていくより、全体的に伸びていくほうがいいに決まっている。

それは個人の問題だけではなく、世の中もそうかもしれない。学校のクラスにしても、ひとりが伸びるのではなく、全体が伸びていったほうが楽しいし、おもしろい。

あなたにも、不得意とすることがいろいろとあるだろう。まずはその中で、手のつけやすそうなものから始めてみることをおすすめする。

和を乱す人は存在力が弱い

人間、一〇名程度が集まると、その中には必ず和《わ》を乱す人間が現れてくる。和を重《おも》んじる雀鬼会の中にも、そんな人間が確かに存在する。

私は和を乱す人間を追い出すようなことはしない。逆に和を乱す人間は、雀鬼流の中でとても必要な人間だと思っている。和を乱すということはどういうことなのか、ほかのメンバーに教えるためにも反面教師としてそのまま残っていてもらいたいと思っている。

和を乱す人は、じつは「存在力」の強さからではなく、その本質的な弱さからそうなっていることがままある。

〝学び〟とは、よいものから学ぶだけが学びではない。悪いものから学べることもたくさんある。悪いものから学んだことのほうが、しっかりと身についたりすることもある。

和を乱す人間は必要悪ということではなく、「必要」なのだ。

和を乱す人間の直し方にもいろいろある。環境によって和を乱す性質がつくられてしまった人は、環境さえ変えてやればすぐに直る。しかし、そういった性質が先天的に組み込まれてしまっているような場合は一筋縄《ひとすじなわ》ではいかない。その人間がその性質を自ら直そうと思わないかぎり、それは外的要因で直ることはない。

そもそも、人間はひとりでは生きていくことができない。人類も男と女がいたから、命の灯火《ともしび》を長い間受け継《つ》いでやってこられた。男と女がお互いに染《そ》まり合うことで人類の歴史は続いてきたのだ。

しかし、和を乱す人にはそういう意識があまりない。固定観念やこだわりといった〝個〟に染まってしまっているから、まわりの人間に合わせることができないし、まわりの空気を読むこともできない。要は人との触れ合い方がとてもへたなのだ。

人間は単体からは生まれてこない。男と女、このふたつがそろって初めて、この世に生を受けることができる。和を乱す性質が遺伝子的に組み込まれてしまっている人は、まずはその事実をしっかりと受け止めることが必要だろう。

人間は相反《あい》するふたつのものが混じり合い、染まることで生まれてきた。生まれがそうであるならば、人間だれしも染まっていかなければならないということだ。

この場合の〝染まる〟とは、なにかの色に染まるということではなく、〝馴染《なじ》む〟ということを意味している。その場に馴染むことで調和が生まれ、人としての強さも育《はぐく》まれる。調和のとれたオーケストラが美しい音色を奏《かな》でるように、人間も調和することで美しい場をつくりだすことができるのだ。

人間には二面性があるというが、人間は男と女というふたつのものから生まれてきたのだから二面性があって当然だ。

それなのに「人間、表裏があってはいけない」などということを言いだすから、上《うわ》っ面《つら》だけの嘘《うそ》っぱち人間が生まれることになる。人間は表裏があって当然。その両面を隠すことなく全部さらけ出して生きていけばいい。そのうえで、その場に馴染み、いい空間をつくっていくことが大切なのだ。

真剣勝負に怒りの感情はマイナス

私のところへ相談に来た若い人から「怒りの感情は勝負事においてプラスですか? マイナスですか?」と聞かれたことがある。

プロレスなどで、相手から反則攻撃を受けた選手が、そこから怒りのパワーを爆発させて勝利を収めるシーンをよく目にする。怒りの感情は、スポーツをエンターテインメントとして捉えた場合、戦いがよりドラマティックになり、おもしろいものなのかもしれない。

しかしながら、それが真剣勝負の場となると、「怒り」という感情はマイナス以外のなにものでもないと私は思っている。

人間には感情というものがあるので、腹を立てることはだれにでもあるだろう。しかし、それは一時《いっとき》のものであって、いつまでもひとつのことに腹を立てていたり、怒りを感じていたりしては、人は前に進めなくなってしまう。

怒りはその人から冷静さを奪《うば》い、目の前のことしか見えなくさせてしまう。そんな状況に陥《おちい》ってしまったら、仕事や人生における流れを捉えることはできない。それでは、勝負事においても自分から負けにいっているようなものだ。

私は相手から怒りをぶつけられた場合、その怒りのパワーを「おもしろいじゃないか」といったん受けるようにしている。

そして受けた後はその力を自分の後ろへ抜く。怒りを一度自分の中に通すことで、相手の怒りの質も見えてくる。そこからいろいろな〝気づき〟が生まれ、その〝気づき〟は私に、「どうやって戦うべきか」というヒントを与えてくれる。相手の怒りが私の味方となってくれるのだ。

そう考えると、怒りを相手にぶつけるのは有利・不利でいったら「不利」である。

では、怒りを抑えるには、いったいどうすればいいのか？

人間の怒りは、人にもともとある〝被害者意識〟から起こってくることが多い。じつは人間は、この世に生を受けてからずっと、被害者意識というものを持って生きている。なぜなら人は、居心地のよい母胎から外の世界に出されたところから被害者意識を持ち始めるからだ。だから、どうしたって人間から被害者意識をぬぐい去ることはできない。

世の中にはそんな被害者意識を強く持ち続けることで、がんばったり、力を伸ばしたりする人がけっこういる。

しかし、被害者意識が強すぎると、たとえそれをバネにできていても、どこかでひずみが生まれてくるものだ。だから、被害者意識からくる怒りは、ほどほどのところで抑えるべきである。

そのためには、自分の中に〝加害者意識〟を持つことが必要だ。人間が元来持っている被害者意識を薄めるために、加害者意識がないといけない。

むろん、多く持ちすぎて不必要な嫌悪感や罪悪感まで持ってしまってはダメである。加害者意識というのはほんの少々、いつも持っていればいいのだ。

加害者意識を持つことの必要性

人は、なにかことが起こると、相手側にすべての非があると思うから頭にくる。そこで「自分にも悪いところがあるんじゃないか？」と思うだけで、猶予《ゆうよ》が生まれ、被害者意識からくる怒りはずいぶんと収まったりする。

人はみな、怒りや悲しさといった感情から自分を救い出すコツを身につけておくべきだと思う。他者に救いを求めだすと、あやしげな宗教のようなものに依存《いぞん》するようになってしまう。自分を救いたいのであれば、自分自身の手でやらないといけない。

だからまず、人を助ける前に自分を助ける術《すべ》を身につけておく。それが自分の強い心、強い力を育んでいくことになる。

他者に依存してしまうと、「世の中が悪い」「おまえらが悪い」という考え方になる。そうではなく、「自分も悪い」という感覚を持てばいい。世の中の悪い大人の中には、自分も入っている。そういう認識を持つことで、自分の中に加害者意識というものが少しずつ入ってくる。

今の世情を眺《なが》めると、現代人というのは、しょっちゅう怒りを覚えているのではないか。人に騙《だま》されたことでどうしようもなく怒っている人は、周囲でもたまに見ることがある。最近では、さまざまな騙しのテクニックを使った犯罪も横行《おうこう》している。犯罪は犯罪として、けっして許されるべきものではない。しかし、仮に犯罪にでも遭《あ》って、怒りの感情に囚われて抜け出せないとするならば、今まで述べてきたことと同様に加害者意識を少しでも持つといいと思う。

騙されたということは、そこになにか〝欲〟が絡んでいたのかもしれない。人は偽善的な気持ち、盲目的な愛情、そういったものがあって心が動いてしまうこともある。詐欺師はそんな人の心の欠点、弱点を巧《たく》みに突いてくる。ものごとを多角的に捉え、自分もそんな、人の心の欠点や弱点を利用したことはないか、と考えてみることも大切なことだ。

「自分はいつも被害者だ」という気持ちではなく、「自分も加害者になるんじゃないか」と思うことで、怒りの感情は多少なりともコントロールすることができる。

人が起こしたことは他人事ではない。自分にわずかながらでも関連している。そういう意識を持ち続ければ、少なくとも怒りに囚われ自分を見失うことは減っていくはずだ。

タブーが少ないほど強くなる

われわれが暮らしている日本という国は、雑種性の少ない純粋培養《ばいよう》ゆえか、なにもかもがきれいにまとまりすぎているように感じる。都会の街並みを見ても、あまりにも整然としていておもしろみがまったくない。どこに行っても「これといった特徴のない美人」のようで記憶に残ることもない。

私は、どうにもこの「小綺麗《こぎれい》さ」に馴染めないでいる。それは汚《きたな》いものや、都合の悪いものを除いてできあがった無菌培養の空間のような気がしてしまうのだ。そして、そこに生きる人々も、無菌状態の空間に慣れてしまっているがために、ほかの菌への免疫《めんえき》性がまったくない。つまりひ弱なのだ。心も、体も。

そんなところにほかの菌が入り込んできたら最後、無菌状態で育ってきた人たちはあっという間にやられてしまうことだろう。

心身を強くするには外気に触れ、ほかの菌も体内に取り込み、免疫力を上げなければならない。だが、多くの人々が潔癖《けっぺき》を求める思考から抜け出せないでいる。

潔癖を求める現代の人々は、まるである種の〝病《やまい》〟にかかってしまったようだ。健康ばかりを追い求める強迫観念にも似た「清潔病」という病気に。

健康を履《は》き違えた人たちは、「タバコはダメ」「お酒はダメ」「脂《あぶら》っこい食事はダメ」「甘いものはダメ」などと多くの「禁《タブー》」に縛《しば》られている。もちろんそこには、裏づけとなる理屈や医学的根拠もあるのだろうが、私は、過剰すぎる反応のほうにこそ問題を感じてしまう。

無菌状態で生きていくと生物の生命力が乏《とぼ》しくなるのと同様に、人間もあまりに禁じるものが多いとひ弱になっていく。

粗食などともいわれる流行の自然食でも、本当の意味での自然な食材など日本のどこにも存在しない。たとえ無農薬であろうが、有機肥料を使おうが、水も土もすでに汚《よご》れてしまっているのだ。野菜や果物も遺伝子操作で改良され、本来の自然な姿ではなくなっている。

たしかに身体に害をもたらす農薬や化学添加物などが蔓延《まんえん》する環境自体は問題だ。でも、そのことに神経質になりすぎると現代の食環境に対する免疫力が弱くなるし、心の健康をも損《そこ》ねてしまう。

人間は、いいものも悪いものも、すばらしいものもダメなものも混在した世の中に住んでいる。だからこそ、悪いものやダメなものを単純にマイナスとして排除してしまう現代の風潮に、私は危《あや》うさを感じる。悪いものやダメなものの中に、自分を強くしてくれるものが必ずあるはずなのだ。

厳しく禁じるのではなく、もっと緩《ゆる》やかな心でものごとに対峙《たいじ》し、間口を広げていく。禁じるものが多いほど、人は弱くなっていく。今の人は、自分が禁じようとすること自体をもっと禁じていくべきではなかろうか。

第四章　逆境を突破する力

「チャンス」と「勝負所」は別物

いろいろなところでたびたび述《の》べているが、私は苦境が大好きだ。だから、麻雀《マージャン》などでも人の言う〝ピンチ〟の状況のほうが、「よし、やってやるか」と活力が湧《わ》いてくる。

「ピンチの後にチャンスが来る」などとよく言うが、これは心理的要因が多分に影響しているると思う。ピンチに見舞われたほうはそのピンチをどうにかしのぎ、気分を一新して次の攻撃に挑《いど》むことができる。

逆にピンチに陥《おちい》らせたほうは「あー、チャンスを生かせなかった」と落ち込み、マイナス思考になってしまう。そのマイナス思考が、その後に自らピンチを招くことになってしまうのだ。

勝負事は、そんなチャンスとピンチのくり返しの上に成り立っている。

だが、勝負の中での〝勝負所〟というのは、チャンスとピンチではなく、もっと別の次元にある。そして「負けない」人は、〝勝負所〟に非常に強いものである。

本当の〝勝負所〟とはピンチの中のピンチ、圧倒的に不利な状況のときにこそ訪れる。麻雀でいうと、自分以外の三人がリーチしている状態だ。そしてこれは、私がもっとも好む状況でもある。

相手三人からリーチされてもそれに臆《おく》することなく前へ進む。それをしのいだときの達成感は、普通の「勝ち」の中では味わえないものだ。そして、そうした状況こそ本当の〝勝負所〟なのだ。

一〇〇〇点が欲しくて勝ちにいくわけではない。〝勝負所〟だからこそ、そこにすべてをかける。相手三人からリーチされているところで一〇〇〇点で和了《アガ》っても、それ自体にはなんの意味もない。三人が八〇〇〇点持っていて、自分はいくらがんばっても一〇〇〇点。その一〇〇〇点のときに相手のリーチをかいくぐって和了ったときの感覚、快感はなにものにも代えがたい。

多くの人は自分がよい状態になったときが〝勝負所〟だと思っている。でも、私にとっての〝勝負所〟は最大の苦境が訪れたとき。負けたら被害がそうとう大きいという状態に置かれたときが〝勝負所〟だと思っている。

つまり本当の〝勝負所〟とは、自分が優勢なときではなく、相手が勝負をかけてきたときに訪れるものなのだ。

相手の隙《すき》を見て「ここでいってやろう」というのは、〝勝負所〟ではなくチャンスというべきである。〝勝負所〟とは、さらにその上にあるものだと私は考えている。

勝負所の力を磨く方法

「こちらが七分、相手は三分で有利だから勝負を仕掛けてやろう」というのは、〝勝負所〟ではない。反対に相手が七分で勝負をかけてきて、こちらは三分という不利な状況のときこそ〝勝負所〟になる。

なぜか?

そこにはリスクやハンデといったものが、いろいろと存在するからである。だからこそ、そのタイミング、〝勝負所〟では全身全霊でかからなければならない。

そして、そんなときこそ、〝勝負所〟を越えようとする思いもよらないギリギリの力が出てくる。普段なら五〇キロしか持てない人が、八〇キロ持てるというような火事場の馬鹿力みたいなものが出てくれば、立場をひっくり返せるわけだ。

不利な状況でも、そこをしのいで勝つ。ただし、普段から「不利なときも逃げないで対処する」という生活態度を持っていないと、いざというときに対応できない。

私はあえて不利なところから、手立てを見つけて勝つという勝負を好んでやってきたところがあり、それが〝勝負所〟の力を磨《みが》いてくれたのだと思っている。

〝勝負所〟は、勝負のさまざまな場面で現れる。序盤も中盤も終盤もない。プレイヤーはそんな〝勝負所〟がいつ訪れても対応できるようにしておかなければならない。

フットワークよく、〝勝負所〟で臨機応変《りんきおうへん》に動けるようにしておくには、勝負の〝流れ〟を感じる力も必要だ。麻雀の場合は、まず親の流れがある。親が和了れる流れ。その流れをしっかりと摑《つか》んでいれば、子のときにいくら点数を取られていても、親になったときに取り返すことができる。

さらに麻雀には、「大きい流れ」もあれば「小さい流れ」もある。大きい流れのときに小さな手で和了っても流れには乗っていけない。逆に、小場と呼ばれる小さな流れのときに大きな手で和了ろうとしても、それはけっしてうまくいかない。

さっきまで大降りだった雨が、五分も経《た》ったら小雨になったりすることがよくある。それなのにその五分を待つことができず、大雨の中に飛び出していってしまう人もいる。このような〝間の悪い人〟は流れを感じていない、流れに合わせていない人なのだ。

海の凪《なぎ》のように荒れない場もあれば、大嵐《おおあらし》のような荒れ場もある。荒れ場のときは荒れた流れに乗っていかなければならない。そして荒れた手を打つ。小場のときは荒れないように打つ。そういうこともわからずに、「大きな手が来たから」と欲をかいたところで、そのときの流れに乗っていなければなんの意味もない。

その場の流れに合わせつつ、〝勝負所〟が来たら果敢《かかん》に攻めていく。本当の〝勝負所〟で戦うことを続けていれば、その人は間違いなく「負けない」人になっていくはずだ。

ミスしたおもしろさを味わえ

雑誌や本などで、ミスとか失敗について取り上げられているのをたまに見かける。

そこで説《と》かれている内容を読んでみると、ミスや失敗を本質から説き明かすのは案外難しいんだな、ということを思う。たいがいはミスは回避するもの、二度とくり返してはいけないもの、という常識的なことを前提にして書かれていることが多い。

私の場合、ミスを回避するのではなく、むしろ好んで向かっていくという姿勢でいる。たとえば、勝負事の中で、自分の犯《おか》した一回のミスに引きずられ、そのまま ずるずる負けてしまうことがある。ミスに囚《とら》われ、そこから抜け出せなくなって自滅してしまう。そうならないためにはどうしたらよいのか。

自分の犯したミスによってダメージは大なり小なり、必ず生じる。それはそれとしてあるがままに受け止め、「自分だけじゃない。相手も必ずミスをする」というふうに思えばいい。自分だけがミスをするわけではない。ミスは相手もするのだから、自分のミスをなるべく小さくしようと努《つと》める気持ちが大切なのだ。

ミスはだれもが犯すもの。だからミスを悔《く》やんだり、非難したりするのではなく、傷口を広げないようにする。そうすればひとつのミスに囚われることもなくなる。

病院で受ける注射にたとえるとわかりやすいかもしれない。注射を好きな子どもはあまりいないから、たいがいの子どもは注射をされたときに大泣きしている。だが、大人で注射を受けて大泣きしている人はあまり見かけない。

子どもたちは注射の痛みより先に、恐怖感や不安感に囚われてしまっているから、痛さが二倍にも三倍にも増してしまうのだ。逆に大人は、注射の痛さは「だいたいこんなもの」とわかっている。だから子どもほどには痛さを感じない。

ミスも注射と同じで、対処方法というのがある。痛みを精神的に抑えるように、ミスもそれ以上広がらないように精神で抑えていく。痛いのは当たり前、ミスも当たり前。それはだれでも同じ。そう思ってその痛みやミスが、それ以上大きくならないように気をつければいいのだ。

ミスをしたときに「まずい」と思わず、ミスをしてしまったおもしろさを感じられるようになったとき、初めてそのミスが生きてくる。ミスを「まずい」とだけ思っているうちは、その後にさらに大きなミスをする可能性がある。「おれ、ミスしちゃった。おもしろいなあ。おれ、こういうことやっちゃうんだなあ」というくらいの余裕を持ってやっていると、それは後でよい結果をもたらしてくれたりする。

ミスを犯した後こそ分かれ道

ミスをした人が「二度としません」と言ったりすることがある。ミスは何度でも起こりうるもの。同じミスではないにしても、違った形のミス、色合いの違うミスを人間はくり返すものなのだ。

だからミスをしたときに「二度としない」と思ってはいけない。ミスを犯しても、そのミスをおもしろがれるようになれば、ミスの数は必ず少なくなっていく。

そもそも、ひとつのミス自体はたいした問題ではない。重要なのはミスによってできた傷口を広げるか広げないかだ。ミスを隠そうとしたり、人のせいにしたりすると、その傷口はどんどん広がっていく。

ミスをしたことの言い逃れや言い訳もやらないほうがいい。言い逃れや言い訳をくり返していると、そのミスを、今度は嘘《うそ》というより大きなものに変えていってしまう怖《こわ》さがある。その嘘は、やがて敗北を招くことにもつながる。

ミスを小さくするには、まずそのミスをしっかりと受け止められるようにしなければならない。ごめんならごめんでシンプルに反省する。そうやってシンプルに済ませて、早めに次のことをやっていくようにするのだ。

ミスをしっかり受け止めず先延ばししたりすると、同じことが怖くてできなくなってしまうことがある。そしてそれは結果的に違うミスを招く。ミスから逃げることは、逆に〝ミスの連鎖〟にはまっていくきっかけとなってしまうのだ。こうして、ミスから逃げる人間は、どんどん弱くなっていく。

ミスを犯した後に勝者と敗者の分かれ道がある。あくまでも「ごめん、悪かった。もう一度やらせて」という感覚でミスを受け止めればいいのだ。「同じミスは二度としません」などと言ってしまうと、そこにプレッシャーや緊張が入ってきて、けっしていい結果には結びつかない。

ミスを恐れずリスクを取りにいく

球技でたとえると「捕《と》れない球を捕りにいく」感覚はとても大切だ。楽に捕れる球をポカしてミスをするのと、難しい球を捕りにいってミスした場合では、同じミスでもその性質はまったく違う。

ミスしそうな領域へ自分から飛び込んでいくことが進歩につながる。厳しいことにトライして成功することで初めて、「あの人、すごいな」と評価されるのだ。

自分のできそうにない領域に飛び込んでいくのは、自分でリスクを取りにいく感覚がなければできない。そうやってリスクを楽しもうとすると、自分の中にある潜在能力が引き出されてくる。

つまり、自分の可能性を広げるためには、ミスを怖がらずリスクを取りにいく生き方が必要なのだ。ミスをする領域に踏《ふ》み込んでいって、そこでミスを減らしていく。それが結果的に自分を成長させてくれる。

「失敗は成功のもと」との言葉もあるが、ミスをするかもしれない領域で犯したミスが成功につながるのであって、安全圏の中でのミスでは成功に結びつかない。「若いときの苦労は買ってでもしろ」というが、ミスも買ってでもしたほうがいい。そのぐらいの気構えがなければ、人としての成長は望めない。

一人ひとりが「ミスは買ってでもしろ」という考え方になっていけば、世の中のあらゆる勝負がよい方向へと向かっていくはずだ。そしてそれは、指導者やその場を取り仕切る責任者にこそ大切な概念でもある。

ミスにも〝いいミス〟と〝悪いミス〟がある。やる気があって犯したミスなのか、やる気のないポカミスなのか。指導者の側にはそういったことを見極める力も必要なのだ。

緊張は頭の後ろに持っていく

「人前に出るとどうしても緊張してしまう。この緊張を軽減したり、克服《こくふく》するにはどうしたらいいんでしょうか？」というようなことをよく聞かれる。

私は、緊張は大いにするべきだと思っている。緊張するような場には多く立つべきだし、ある程度の緊張感がないと、なにをやってもつまらないと思うからだ。

緊張というのは頭の前の部分、おでこの辺《あた》りに出るものだ。だから、緊張が前面に出てきて前が見えなくなってしまう。

そんなときは緊張を後ろに持っていくようにすればいい。

人間のセンサーみたいなものは頭の前の部分にあるから、そこに緊張が集中してしまうのだろう。たいていの人はそれで頭の中が真っ白になり、思ったように行動できなくなってしまう。そんな緊張を後ろに持っていくには、「自分はなにに対して緊張しているのか？」ということをまず理解しなければならない。

「うまくやろう」「失敗しないようにしよう」ということで緊張しているのであれば、そういう考えをいったん後ろに持っていき、等身大の自分に戻る。「うまくできなくたっていいさ」「ミスしたっていいさ」というくらいの気持ちを持つ。

「ごまかそう」という考えで緊張しているのであれば、そんな考え方も後ろに持っていって捨ててしまう。〝ごまかし〟などというものは長続きはしない。そんなものは一刻も早く捨ててしまったほうがいい。

私が道場生たちによくやらせる緊張緩和《かんわ》法がある。一度両手で顔の前を覆《おお》い、その状態から一気に手を両脇に広げて目の前の視野を広げるというものだ。

両手で顔を覆っているときが緊張状態、手を外したときが解放状態。両手を顔の前から一気に取り去るとパーッと視野が広がり明るくなる。そういう練習を普段からしているだけで、緊張感は収まっていく。

あまりに前ばかり意識して動くようになると、緊張も高まってしまう。それは生き方にもいえることで、成功だけを求めたり、人にどう思われているのかばかり気にしだしたら、緊張がどんどん前に出てきてしまう。そういう意識は、すべて後ろに持っていってしまえばいいのだ。

もうひとつ大切なのは、緊張感を取ろうとするのではなく、「柔らかくしよう」という心がけだ。硬く緊張をするのではなく、柔らかく緊張を保つのである。硬い緊張は心が囚われて動けなくなるが、柔らかい緊張は心が拡散して自由になる。

たとえば、硬い緊張は「うまくやろう」とか、「いいところを見せよう」とか、「勝とう」などと、余計な気持ちがあるときほどなりやすい。

柔らかい緊張を保つには、それらを除いていけばいいわけだ。具体的には、「今のありのままの姿を見せればいい」という気持ちである。前述したように、いいものもダメなものも含めて等身大の気持ちでいることが大切なのである。

ただ、このような柔らかさというのは、緊張したとき、急にそうしようと思っても間に合わない。日ごろから気持ちや考え方、身体の柔軟性を大切にしていることが重要だ。そうやって柔らかい状態を習慣にすれば、緊張もまた柔らかくできるはずである。

普段から緊迫感の中に身を置こう

極度の緊張状態にある人に「リラックス、リラックス」などと声をかける人がいるが、あれもだいぶ見当違いの対処法だ。〝緊張〟とは、体の状態がそうなっているのであって、そんなときに「リラックス」という言葉を用いても、緊張が解《と》けることはまずない。緊張とは、言葉でコントロールできるようなものではないのだ。

言葉で通じないならどうしたらよいのか？　それは、硬さがもっとも顕著《けんちょ》に表れている体の部分を直接触ってほぐしてやるのがもっとも効果的だ。肩なら肩を、膝《ひざ》なら膝を触ってやる。そうすることで、緊張がすっと抜けていく。

また、緊張に近いものに「緊迫感《きんぱくかん》」がある。この緊迫感は、〝いい勝負〟をするにはとても大切なものだ。普段から緊迫感のある場面に身を置くようにしていれば、緊張感も徐々に薄れてくる。

逆に普段から緊迫感を怖がったり、嫌悪感を抱いたりしていては、ちょっと緊迫した場面があるとすぐ参ってしまう弱い人間になってしまう。

緊迫感は、どんな人でもちょっとした工夫でつくりだすことができる。要は、距離と時間をうまく使い分けながら、自分を追い込んでいくようにすればいいのだ。

ランニングであれば、一〇分でグラウンド一〇周するところを一五周にする、勉強なら問題集を一時間で一〇ページやるところを一五ページにする。そんなふうにして自分を追い込んでいくことで緊迫感はつくれるし、またそれにも慣れてくる。

そもそも、賢いふりをしたり自分のできること以上のことをやろうとするから緊張するのである。

ほかにも〝恥《はじ》〟の勘違いをしている人も緊張に囚われやすい。恥ずかしいという気持ちを勘違いして、人から笑われることに敏感になってしまい、まわりの人が楽しくて笑っていることも「自分がバカにされている」と思い込んでしまうのだ。そうなると、恥ずかしい気持ちがとても嫌な感覚となり、人前に出ると緊張するようになってしまう。

そんな人は、「自分のミスでみんなが笑ってくれるなら幸せ」というくらいの感覚を持てばいい。自分をおもしろい状態、楽しい状態にしていけば緊張感に負けたり、囚われたりすることも徐々になくなってくるはずだ。

適温で「見切り」をする

人間はミスをする生き物だ。完璧な人間など、世界中のどこを探したっていやしない。ミスをするから人間だし、そこにいろいろなドラマも生まれることになる。

当然のことながら、ミスは多いより少ないほうがいい。「負けない」ための技術を磨くことには、相手よりできるだけミスを少なくすることも含まれる。

戦いの中でミスをくり返すことによって「もうダメだ」と勝負を早目に見切ってしまう人がいる。それとは逆に優勢に勝負を進めているときに「もう勝ったな」と見切ってしまう人もいる。

いずれも、勝負を途中で投げてしまっていることでは同じだ。どちらも〝見切る〟ことで自分の可能性の幅を狭《せば》めてしまっている。やるだけやったから「もうこれでいい」と自分で思ってしまっては、それ以上の進歩は望めない。

勝負の中では、「もうこれでいい」より、「まだもっとよくなるかもしれない」と考え続けなければいけない。「この辺でいいか」と思ったときのもうひと踏ん張りが大切なのだ。

ただ、そこで気をつけなければいけないのは、「勝つ」という欲に囚われてしまっている人たちだ。欲だけで勝ちを求めている人たちには納得感がない。欲とは限度のないものだから、欲に囚われてしまった人たちは、いくらやっても納得できないし、ひと踏ん張りどころか十踏ん張りも二十踏ん張りもしようとする。

しかし、いくら努力を重ねて勝ったとしても、結局はなんの充足感もない空白地帯に行き着いてしまうだけだ。そしてまた、欲の赴《おもむ》くままに勝ちを求めて歩き出す。

勝つという欲に囚われてしまっている人の〝成功〟とはそんなものかもしれない。欲に囚われてしまっている人たちには到達点や終着点がないのだ。

そう考えると、同じ見切りでも、成功のとば口で立ち止まるという〝見切り〟は大切だ。「成功というのはここまで。この先は不成功になるよ。危ないよ」という見切り。欲に囚われるとそういう見切りができなくなってしまう。引《ひ》き際《ぎわ》がわからなくなって深みにはまり、身動きがとれなくなってしまう。

ところで、プロスポーツ選手には、若くしてスパっと現役を退《しりぞ》く人もいれば、四〇歳をすぎてもがんばっている人がいる。これは〝見切り〟や〝引き際〟というよりは、彼らの〝性《しよう》分《ぶん》〟から来る違いであろう。

「いいときに辞めたい」という人は、ほかにやることができたから辞める人がほとんどだと思う。それまでやってきたスポーツは名を売るためであったり、金をつくるためで、欲の方向が変わったことで、それまでとは違う別のことをやりたくなったのだ。

四六歳になっても現役で投げ続けている横浜ベイスターズの工《く》藤《どう》公《きみ》康《やす》投手がいる。彼も、自身の持つ性分で現役を続けている。「中年の星」などとも呼ばれているようだが、とくに自営業などを営《いとな》む人たちにとっては勇気づけられる存在に違いない。

工藤投手が負けても、私は彼を格好悪いとは思わない。過去の栄光や名声にしがみついている人は格好悪いが、彼はそうではない。若いときより必死に、汗だくになってやっているし、練習もそうとうしているのだろう。「引き際を見失っている」などと言う心ない人もいるらしいが、私は彼にとことんまで踏ん張って、がんばってもらいたいと思っている。

〝水〟は一〇〇度に達すると蒸発《じょうはつ》し、液体から気体へと変化する。成功と不成功の境目《さかいめ》もこれにとてもよく似ている。

見境《みさかい》なく成功を追い求め、そのやり方の度がすぎると成功も蒸発して跡形もなくなってしまう。人間の体温は三六度前後が平熱とされるように、すべてのものごとに適温がある。

その適温を無視して暴走を始めると、勝負であろうが、人間関係であろうが、あらゆるものごとが悪いほうへと形を変えていく。いい見切り方のできる人は、適温の中でバランスをうまく保っていける人なのだ。

あえて相手の得意技を受ける

プロレスは、相手の技を受けてナンボというところがある。相手の得意技をあえて受けてそれを返す。そのくり返しがプロレスのひとつの醍醐味《だいごみ》である。

私は麻雀をしているとき、プロレスではないが、あえて相手の得意技を受けて引っ掛かることがある。

なぜそんなことをするのかというと、それは相手の得意技を知ることが〝自分のため〟になるからだ。勝負の中で自分を向上させていくためには、自分だけ生きようとしてもダメだ。相手も生かしていかないと己《おのれ》の向上にはつながらない。

〝汚《きたな》い手〟が得意技という人間も中にはいる。私がかつて裏麻雀の世界で代打《だいう》ちをしていたころは、そういう人間と何度も対戦した。

そのころの私は、相手が汚い手を使ってきたら、さらにその上をいく汚い手を使って相手を封じ込めていた。「おまえ、そんな技は通じないよ。おれはこんなこともできるよ。だからやめといたほうがいいんじゃない？」というふうに。毒をもって毒を制するような勝負をしていた。

だが、これは自慢できることでもなんでもない。私は、汚い手を使ってきた相手にさらに汚い手を使って潰《つぶ》しにかかる自分がとても嫌だった。代打ちを引退した理由のひとつには、そんな勝負に嫌気が差した部分もある。

毒をもって毒を制するようなやり方は格好悪い。本当は、汚い手になど付き合わなければいいだけの話なのだ。

「逃げるが勝ち」ではないが、やらなければいいだけ。汚い手に付き合ったら、こちらはもっとひどい、汚い人間になってしまう。こんな勝負はけっして〝いい勝負〟とは呼べない。

相手が輝く得意技には大いに付き合うべきだが、汚い得意技には乗ってはいけない。

もちろん、時にはそれで負けてしまうこともあるだろう。

でも、そんなときは、「汚い人間にならなくてよかった」と思えばいい。己の真の向上は〝いい勝負〟だけがもたらすのだから。

「守る」のではなく「受ける」

勝負する人の立場には「守り」と「攻め」のふたつがあると思われている。しかし、私は勝負において「守り」という立場はあるべきではないと考えている。

守りの姿勢とは、すでに逃げている状態でもある。守備の堅い野球チームを「守りの野球」などと呼び、マスコミが持ち上げたりするが、これは逃げの野球ともいえる。逃げの野球では最終的に優勝を手にすることは難しいだろう。

自分が監督なら、チームが守備についたときに「しっかり守れよ」とはけっして言わない。逃げるな、とことん戦えという気持ちを込めて「守りも攻撃だぞ」と言うだろう。

守る気持ちでいるところを攻撃されたら、ひとたまりもない。守りに入ってしまうと、狙《ねら》われる、追われるという気持ちになってくる。そうなると、今度は「逃げよう」という感覚になり、より不利な状況をつくりかねない。

さらに、次の攻撃に移るときには遅れをとることになる。逃げれば逃げるほど、攻撃に移るタイミングが遅れることになるのだ。一〇〇メートル先まで逃げ、そこからまたもとの位置に戻って攻撃、二〇〇メートル先まで逃げてまたもとに戻って攻撃……そんなことをくり返していれば、相手と戦う前に自ら倒れてしまうことになる。

人間は言葉に囚われる生き物なので、「守り」という意識を持つと、もろい部分や欠点を守ろう、隠そうとしてしまうことになる。では、どのようにすればいいかというと、〝守り〟ではなく、〝受け〟と捉《とら》えればいいのだ。

攻撃に対して柔らかく、かつ厳しく対応することが〝受け〟の基本だ。柔道でも受け身がしっかりしていないと大怪我《おおけが》をすることになる。合気道でも相手の技を〝受ける〟と表現する。つまり〝受け〟とは、相手の攻める力を削《そ》ぎ、次に自分が攻めやすくするための〝攻撃〟なのだ。

〝攻める〟気持ちで相手の攻撃を受けているかぎり、〝守り〟はどこにも存在しない。「負けない」勝負をしていくためには〝守り〟ではなく、〝受け〟ていく姿勢が大切だ。

どんなときも〝攻める〟気持ちを持っていれば人は強くなれる。勝負や仕事において窮地《きゅうち》に立たされ、なにかに耐えなくてはいけなくなったとき、ほとんどの人は「苦しい」「なんとかしてほしい」と思うのではないだろうか。

しかし、「苦しい」とだけ思っていたら、そこで「負け」である。なにかを我慢するときに、「苦しい」とだけ考えていたら、どうしても限界があるのだ。

だからこそ、耐えることを「おもしろい」と感じなければならない。そう思えれば、状況は確実に変わってくる。

耐えるというと、小さく背を丸めて嵐がすぎるのをじっと待っているようなイメージがある。しかし、耐えることをおもしろいと感じられれば、「受け身の忍耐」は「攻めの忍耐」に変わってくる。

逆境に追い込まれたとき、人間はかえって攻めの気持ちになっていくことがある。そうなると、今度は「火事場の馬鹿力」のような秘められた力が出やすくなる。そこから、活路が開けることもあるだろう。

野球の試合などで、負けているチームの投手が、味方の援護を待ちながら好投を続けていると、最後の最後で逆転することがある。あきらめずに攻めのピッチングを続けているからこそ、その投手の気持ちが仲間たちに伝わり、打線に火がつくのだ。

ギリギリに追い詰められていても、すべての感覚を研《と》ぎ澄《す》ませて、先の展開を冷静に見通すことが大切である。それを可能にするのが〝攻める気持ち〟なのである。

「心構え」と「体構え」の一致

〝心技体〟という言葉がある。心と体と技術が一致してこそ、本当の強さが出てくることを表した言葉だが、本当にそのとおりだと思う。

心技体の中でもいちばん重要になってくるのが〝心〟の部分だ。いい技術、恵まれた体を持っているのに、高いレベルで安定しないスポーツ選手というのは、どこか心構えに未熟な部分がある。

高校野球で活躍し、ドラフト上位でプロ野球の世界へ入ったにもかかわらず、その後たいした活躍もせずに引退していく選手はたくさんいる。もちろん、怪我や故障により引退を余《よ》儀《ぎ》なくされる選手もいるだろう。しかし、心構えが未熟なままでプロの世界に対応できず、逃げるようにして引退していくケースも少なくない。

いろいろなプロの世界があるが、どんな世界であれ、プロの第一線で活躍していくには、勝負への執着《しゅうちゃく》だけではやっていけない。プロの世界にはさまざまな「欲」が入り込んでくる。そんな欲に負けない「強い心」がなければ、プロの世界で生き残っていくのは難しいだろう。

私は常々、勝負においては〝一体感〟を持つことが大切だと言っている。それは心と体の一体感である。心と体の一体感があれば、相手との一体感、勝負という場との一体感も出てくる。

しかし、そもそも〝心構え〟と〝体構え〟がしっかりしていなければ、そんな一体感を持つことはできない。心構えと体構えは最終的に一致するからだ。

人は精神に重きを置くところがあるが、精神より先にくるのが肉体だ。母胎で子の命が育《はぐく》まれているとき、そこに精神は存在しない。あるのは子の肉体だけである。その肉体が外の世界に出てきて、ほかのさまざまなものと接触していく中で精神が育まれていく。

人間は「精神ありき」ではなく、「肉体ありき」の存在なのだから、心構えの前に気をつけるべきは体構えであろう。

そして体構えがしっかりしていれば、自然と心の構えもしっかりとしてくる。私が道場生たちに動きの柔らかさを求めるのは、動きを柔らかくすれば思考も柔らかくなることを経験として知っているからなのだ。

体構えは、自然界の生き物ならみんな持っているものだ。サメにはサメの、トラにはトラの、鳥には鳥の美しい体構えがある。彼らは、本能のままに自然の時間の中に、体を流して生きている。

しっかりした体構えとは、ぐっと力が入っているようなものではない。その逆だ。柔らかくてどこにも力が入っていない状態である。

力が入っていない状態をつくりだすのは難しい。そういう状態をつくりだすには、極力、意識をしないようにすることだ。考え込むから、そこに囚われ、心も体も硬くなる。

固い信念、固い意志などの表現を見てもわかるが、世の中では〝固い〟ことがいいことだとされているようなところがある。

しかし、固い人は危ない。固い人とぶつかったらこちらが怪我をする。人間関係は、残念ながら「いつも仲よく」というわけにはいかない。ぶつかることもままある。意見のぶつかり合い、思いのぶつかり合い。そんなぶつかり合いの中で、固い人同士がぶつかると両者が怪我をするだけでなく、周囲の人たちにもさまざまな悪影響を及ぼすことになる。柔らかい者同士のぶつかり合いなら、そこまで影響が広がることはない。

「柔らかさ」というものが大事だとわかっている人は、どんな世界でも優れた仕事をしているはずだ。大リーグでもトッププレイヤーとなったイチロー選手などもそうだろう。彼は心技体が一致している状態で、いつもプレイしている。打席に入る前、守備の途中などでいつも軽いストレッチをしている。〝柔軟〟であることをいつも心がけているのだ。

「柔らかい」ということは、それだけで大きな可能性を秘めているのである。

体のすべてを使える人は強い

世の中には体の硬い人と柔らかい人がいる。体の硬い人に総じて言えるのは、どんな動きをするのにも体の一部分しか使っていない、ということだ。

体の柔らかい人が体全体をしなやかに使っているのに対し、体の硬い人は体全体ではなく、どこか一部分にだけ負担のかかるようなぎこちない動きをしているケースが多い。

私は人から「体が柔らかいですね」と言われることがある。といっても、日々の生活の中でストレッチや柔軟体操を取り入れてやっているわけではない。気をつけていることといえば、せいぜい日々の生活の中で、なにをするにしても体全体を使うように心がけていることくらい。

現代人、とくに都会に住む人は基本的にみな硬い体をしている。ということは、都会人は身体の中で一生使わない部分のほうが多いということだ。人はそれぞれの生活スタイルや習慣の中で、体をどう使うかパターン化している。体をパターン化して使っているかぎり、使われない体の部分は使っている部分より多くなるのである。

海が好きな私は、たまに海外の島へ出かけることがある。そこで出会う大自然の中で生きる人たちの体の動きには、都会人のような偏《かたよ》りがない。体全体をバランスよく使い、フワっと流れるように動いている。

人間の体は、一部分だけを動かすのではなく、全部を動かすことでとてつもない力と強さを発揮《はっき》できる。人間の体というのは不思議なもので、すべての部分がつながって柔らかく動けば、単なる足し算を超えたものすごい力になるのである。それゆえ、体はできるだけ柔らかいほうがいいのだ。柔らかければ、体は全体を使った動きになるからだ。

私が教える麻雀のいくつかの基本動作の中には、「柔らかい動作」というものがある。牌《パイ》は柔らかく持ち、速くしなやかに打つ。さらに最短距離で打つために牌を持ち上げすぎず、引きすぎないこと。もちろん柔らかく使うのは、手首から先だけではない。牌と自身の肉体が一体となった感覚を大切にしながら、上半身を柔らかく使うのである。

そのように意識させることで、最初はカチカチに硬さを見せていた道場生も、だんだんと柔らかくなっていく。姿勢や動作から硬さが取れていき、心の固さもほぐれていく。

しかし麻雀を打つときだけ、体を柔らかく使うよう心がけても、そこには限界がある。麻雀の動作では全身を使うことはできないからだ。だからこそ彼らには、普段の生活から体全体を使うように意識させている。道場では麻雀だけでなく、全身を使った動きや遊びを多く取り入れている。

人の心と体は最終的に一致するので、体が柔らかければ、心も柔らかくなるものだ。だが、どういう心構えでいるかによっても当然、心の柔らかさは違ってくる。

たとえば、心を柔らかくするには、大人の社会に染《そ》まらず、自分は子どもだったという〝初心〟を思い出すことも、そのひとつだ。自分の原点を思い返すだけで、心の固さはずいぶんと軽減される。たとえ今、地位や名誉があったとしても、そこに寄りかかるのではなく、自分にも子どものころがあったという事実を意識の片隅に置いておく。そうすれば、心も固くならずに済むだろう。

固いことが強さであるかのように思いがちな現代人にとって、体と心、両方の面から柔らかくなるよう努めることは、とても大切なことだと思う。

「楽」を求めると隙が生まれる

自分より格下と思われる相手と戦うとき、人は、どうしてもそこに「楽勝だ」という感覚を抱いてしまう。確かに、相手の力が自分より劣《おと》っていれば「勝つ」機会は増えるかもしれない。でも、戦う前から「楽勝だ」と思ってしまえば、思いも寄らぬ敗北を喫する危険性を孕《はら》んでしまうことにもなる。

スポーツの世界でも、圧倒的に有利と思われていたチーム（選手）が負けてしまうことがある。これは、「楽勝だ」という油断から生まれた隙につけ込まれた結果だ。

不利だと思われているチームは、「失うものはなにもない」という捨て身の攻撃を仕掛けてくる。そんな相手に隙を見せたら、格上だろうと負けることだってありうるだろう。

経済の世界においても、「楽勝」の気分で業界に君臨《くんりん》していたために衰退《すいたい》していく企業がたくさんある。業界のトップクラスに位置していることの安心感、優越感が、驕《おご》りや甘い体質を生みだし、どんどんとダメになっていく。気がつけばライバル会社に追い抜かれたり、時には買収されたりする企業も少なくない。

力のあるものが「楽勝」と思うのならまだしも、実力もないのに楽に勝ちたいと思えば、本当に悲惨なことになりかねない。

私には、この社会を生きる多くの人が、そんな「楽勝」を求めているように感じられてならない。「楽して儲《もう》けよう」「楽して得をしよう」、そんな価値観が、社会全体を支配してはいないか。楽な方向ばかりを目指すような風潮が蔓延《まんえん》してはいないだろうか。

楽を求めてばかりいると、厳しい状況を耐え忍んだり、それを乗り越えていく力は育まれない。楽を求めると、苦しいことから逃げたり、自分をごまかしたりして、結果的に自分を成長させることをしなくなってしまう。

人間の社会には激しい競争があり、複雑で煩《わずら》わしい人間関係が溢《あふ》れている。ひとりの人間が生きていくのは、そんなに楽なことではない。

とはいえ、自然界に比べれば、人間社会の厳しさなどは取るに足らないものだ。自然が持つ圧倒的な厳しさは、人知でコントロールできるものではない。それを考えれば、人間界における厳しさなど、私からすれば、がんばったり耐えたりすればなんとかなるものばかりである。

私は、目の前に「楽な道」と「厳しい道」のふたつがあれば、迷うことなく厳しい道を選ぶ。もし楽な道を選ぶようなことがあったら、それは自分が弱っていたりして、生き生きしていないときだろう。

厳しい道を行く人は、鍛《きた》えられ強くなるから、次に厳しい道が現れても、それを楽に進めるようになる。楽なほうばかりを選んでいると、いつまで経っても厳しいことは厳しいままなのである。

平常心があれば修正力が強くなる

今の時代、テレビやＤＶＤレコーダーの故障を直してもらおうと電気屋さんに頼みにいくと、「買い換えたほうが安いですよ」などと言われる。こんな世の中だから、多くの人が直すことの意味や価値を見失っている。

機械は自分で自分を直すことはできないが、人間は自分自身を直すことができる力を持っている。私はこれを〝修正力〟と呼んでいる。

自分がいい状態のときはだれでも勝てる。問題は、自分が悪い状態に陥ったとき、それをいかに修正して「負けない」戦い方をするか、だ。修正力は勝負事だけでなく、社会を生きるうえでも大切な力だ。

自分を修正していくには、まず自分の状態がいいのか、悪いのかを判断する能力がなければならない。自分の置かれた状況を把握する〝自覚力〟といってもいいだろう。自覚力と修正力、このふたつを持つことで、人は初めて自分自身を直すことができる。

修正力のある人は、自分の直さなければならないところを素早く実感する。そうして早めの修正をすることで元のいい状態に戻れたり、仮に悪い状態に入ってしまったとしても、それほど時間をかけずにそこから抜け出すことができる。

しかし、現代人はこの修正力がかなり弱くなってきている。修正力とは、もともと本能的なものなのだが、世の中がどんどん便利になっていくことで本能の力は弱くなり、それにともなって修正力も衰《おとろ》えてきているからだ。

そして、本能以外にもうひとつ、修正力を強くするうえで大事なものがある。それは「平常心」だ。大一番の前などに、人は「緊張しないよう、平常心で挑む」と言ったりすることもあるが、私の考える平常心とは、本番のときだけ重要な意味を持つものではない。平常心は、普段から大切なのだ。

「平常心とは、なにがあっても揺《ゆ》れない心」と多くの人が解釈していると思う。だが、私の平常心に対する解釈はちょっと違う。私の考える平常心とは、日常という「常」を大事にすること。日々の暮らしを大事にする、そんな当たり前の気持ちこそが平常心なのだ。

普段の生活で起きる些《さ》細《さい》なことも丁《てい》寧《ねい》に、大事に扱う。日々の暮らしの中で「準備・実行・後始末」を当たり前にこなしていく。そうやって磨かれた日常の「常」があって、初めて平常心というものが生まれる。

平常心という「常」の心があれば、人はなにか事があって揺れても、またすぐ「常」の状態に戻れる。強い修正力には、そんな平常心が欠かせないのである。

第五章　人はだれしも無敗になれる

たどり着いた「敵も味方」の境地

私は麻雀《マージャン》の裏世界で、二〇年間代打《だいう》ちをやってきたが、幸か不幸か一度も負けることなくその道から引退した。

今でこそ「美しい戦い」を望んでいる私だが、若いころはもちろん、勝つことにこだわりを持って麻雀を打っていた。しかし、いつからか勝ち続けること、「勝ち」にこだわり続けることに虚《むな》しさを感じるようになった。勝利の裏には、敗者の悲しさがあると感じたからである。

私は麻雀をしていく中で、敗者の向こう側にあるものを見るようになった。それは敗者となった人が背負《せお》っている生活や家族、妻であったり、子どもであったりというものだ。

さらに、今度はその後ろに、私の父の存在を感じるようになった。

私が幼かったころ、私の父はギャンブルに狂《くる》い、母をいつも泣かせていた。母が大好きだった私は、母を泣かせるギャンブルを、そして父を憎《にく》んでいた。いつしか私は、敗者となった対戦相手の向こう側に、そんな父の姿を見るようになった。

やがて私は、自分が勝った喜びより、負けた人間の虚しさを感じるようになっていた。今思うと、その虚しさは私の父が感じていた虚しさだったのかもしれない。

代打ちをしていた時代、私は〝無敵〟だった。そしてある日、私のまわりにはその字のごとく〝敵がいない〟という事実に気がついた。

でもそれは、ポツンとひとりぼっちという感覚とは違う。実際には、対局相手となる敵はいるのだが、あるときから徐々に「敵も味方」というような感覚が、私の中に芽ばえ始めたのである。「勝ったのがおれなら負けたのもおれ」、勝った裏側に負けた自分がいる、そんな感覚もあった。

私は敵を〝麻雀をいっしょに打ってくれる仲間〟と考えるようになった。「仲間のためにいい麻雀を打とう」と思えば、おのずといい答えが返ってくることがある。敵を〝敵〟とだけ捉《とら》えたままだったら私はきっとどこかで負けていたことだろう。

しかしこの考え方は、代打ち時代の自分がはっきりと認識していたわけではなかった。代打ちを引退し、雀鬼会を始めてから、「敵も味方」という漠然《ばくぜん》とした考え方が、少しずつ私の中ではっきりその輪郭を現してきた。

それからの私は、ただ勝つのではなく、「〃いい勝負〃をしよう」と考えるようになった。勝つことや負けることよりも、〃いい勝負〃をすることこそ、本当の強さなのではないか？　そう考えるようになったのだ。それこそ、いちばん大事なことだと思うようになった。

そんな私の教えを受け継《つ》いでくれている道場での試合では、勝者よりも敗者が評価されることが数多くある。たとえ勝っても汚《きたな》い勝ち方をした者は、だれも褒《ほ》めてくれない。逆に敗者であっても、美しい麻雀を全《まっと》うした末の敗北なら、非常に評価される。

自分が和了《アガ》ることだけを考えて打つのではなく、いかにいい振り込みをするか。対戦相手にいかにいいものを与えられるか、といったことが評価の対象になるのである。

つまり、自分が得るだけの汚い麻雀ではダメだ、ということだ。

勝ちを求めるがゆえに、汚い手や姑息《こそく》な手段を使った者は、たとえ大勝したとしても、私からもほかのメンバーからも認めてもらえない。求められているものは、あくまでも和了りと振り込みのバランスなのである。

「結果がすべて」は敗者の論理

「結果がすべて」といわれるように、世間では勝利こそが絶対の価値を持っている。そしてその勝ち方は、ただ自分だけが一方的に得をする、という形である。

こういった考えのもとで得られた勝利は取り返しのつかない犠牲《ぎせい》を生む。勝者の下には無数の犠牲者が存在し、犠牲者と同じ数の妬《ねた》みや恨《うら》みが生まれていく。

たとえば世界一の勝者を目指し続けるアメリカという国はどうだろう？　すべてを奪《うば》うような勝利至上主義を貫《つらぬ》いた結果、彼らは「百年に一度」ともいわれる世界的な大不況を生み出し、自らその波に飲み込まれてしまった。

アメリカが起こしたイラクでの戦争も然《しか》り。戦争における勝利など、当事国間での勝敗があったとしても、人類全体として考えると「負け」でしかない。戦争という行為そのものが、すでに負けなのだ。私はアメリカという国がいくら戦争に勝ったとしても、真の意味では敗戦国なのだと思っている。

現代社会においては、企業同士の競争からスポーツに至るまで、すべてにおいてこのアメリカ的勝利至上主義が蔓延《まんえん》している。「結果がすべて」と、勝つことだけを最高にして唯一の目的にした、私から見れば醜《みにく》いだけの戦いの形である。

以前のスポーツ界では、すばらしい勝負を見せてくれた相手ならば、たとえ敗者でも称《たた》える、という風潮が残っていた。しかし、チームや選手に大量の金が流れ込む現在では、ひたすら勝利を追求する味気ないものになってしまっている。

たとえば神事としての性格も持つ日本の国技、相撲《すもう》はどうだろう？　ただ単に勝つだけでなく、高い地位に上り詰めるほど、振る舞いや言動、戦い方に品格が求められるのが相撲という競技だった。

しかし、ただ強いだけで品のない力士が横綱となり、格下の幕内力士相手に叩《はた》き込みという〝騙《だま》し〟のような技を使って勝利している大関もいる。残念なことに、相撲の世界にも勝利至上主義が蔓延《はびこ》ってしまっているようだ。

「勝負とはなにか？」

「『勝つ』とはなにか？」

「『負けない』とはなにか？」

そういったことを、われわれは自然の中から学ぶべきだと常々考えている。

自然界では生きとし生けるものが、すべて連鎖して存在している。生命を全うした動物たちは土に還《かえ》り、土壌《どじょう》の栄養分となって草花や樹木を育てる。そしてその植物は、動物たちの食料となる。その連鎖の中で、地球上の生命たちはそれぞれの生を全うしてきた。

「与える」と「もらう」をバランスよく循環させることが、自然界のサイクルなのだ。大自然の食物連鎖の中には、勝利至上主義的な「一方的に相手から分捕《ぶんど》る」という行為は存在しない。

人は、もっと自然界をお手本にして、与えること、分けること、循環させることの意味を学ぶべきだろう。そうすることでスポーツや仕事、人生など、現在もいたるところで繰り広げられている「勝負」というものに、本物の品格が芽生えていくはずだ。

勝ち負けより大切な「勝負感」

代打ちを引退してから二〇年以上の時間が経《た》った。自分の中でも変わった部分はたくさんあるのだろう。

だが、変わらない部分もいくつかある。そのひとつが私の〝勝負感〟だ。

私の勝負感は、小さいころの遊びの中で形づくられた。そしてその勝負感が通じたから麻雀をした。

私のこの勝負感という感性は、死ぬまで捨てきれないものなのだと思う。だから、どんな場所でもその勝負感が働いている。

日常の一つひとつの細かいことがすべて勝負。私にとっては生きること、それ自体が勝負であって、だからこそ勝負感が必要になってくる。

幼いころの遊びはただの遊びではなく、勝負だった。「三つ子の魂百まで」ではないが、私の勝負感は、私の体の中にしっかりと根を張っている。

私が子どものころ、そうやって毎日勝負をくり返している中で、ごくまれに私と似たような勝負感を持った子どもと出会うことがあった。

子どものころにする勝負は、体を動かすものが多い。しかし、運動神経があるからといって、勝負感もいいとはかぎらない。私が「こいつできるな」と思った子は、勝負感のある動きをしていた。

たいていの人は縦《たて》の動きだけで、それはとてもスポーツ的な動きだ。ところが、勝負感のある動きのできる人は、縦に動く軸なのに、同時に横にも動ける軸を持っているといえる。スポーツ選手の中でも、勝負感のある人は縦の動きの中で前後左右、全部が入り込んだ軸で動いている。体が動いても軸はけっしてブレない。

私も、そういう動きをずっと続けてきた。

普通の人が、この勝負感のある体の動きをするのはなかなか難しいかもしれない。しかし、動きはともかく、〝いい勝負感〟を養《やしな》っていくのは大切なことだ。

私の言う勝負感は、勝ち負けにはまったくこだわっていない。私が負けることでまわりが喜んだり、盛り上がったりするなら私は喜んで負ける。ただ、往々《おうおう》にして勝ったほうが喜んでもらえるので勝ってきただけなのだ。

私は、まわりの人に寂《さび》しい思いやつまらない思いをさせたくないという感覚が強い。だから若い子たちから道場が「つまらない」と言われたら、それは私の負けだ。「やっぱり会長――道場生は私をそう呼ぶ――がいるとおもしろいね」と言われて初めて、私は「勝ち」の気分を味わえる。

世間には、物や金が動く勝ち負けが溢《あふ》れている。相変わらず物が増える、金が増えるといったつまらない勝負を繰り広げて一喜《いっき》一憂《いちゆう》している。

そういう方向に囚《とら》われた勝負感には、軸がひとつしかない。だが、〝いい勝負感〟にはたくさんの軸がある。

私は、物や金は動かずとも、勝ち負けの中でみんなの心が気持ちのいいほうに動けばいいのではないかと思っている。世間一般の勝負感とはまったく別物だが、それが私の勝負感でもあるのだ。

ある習慣が決断力を高める

「いやー、私、優柔不断《ゆうじゆうふだん》なところがありまして」といった話を聞くことはあるが、「私、決断力があるんですよ」と言っている人はあまり見かけない。「決断力がある」などと口にすると、自慢しているように聞こえるからあまり言わないのか、それとも本当に決断力のある人が少ないからなのか、それは私にもわからない。

でも、「私は優柔不断なんです」と言う人だって、結局はものごとを決めているはずだ。

ものごとを決める、判断するのが決断力なのだから、優柔不断な人にも決断力はちゃんと備わっている。ただ、ほかの人より多少時間がかかる、というだけなのだ。

決断するまでの時間が長い人もいれば、短い人もいる。さらに自分の知っていること、わかることの判断は早く下せるだろうし、わからないことであれば決断するまでに長く時間がかかってしまうだろう。

決断に時間をかけると、往々にしてそこに邪念が入る。そんな決断は、いい結果をもたらしはしない。だから私は、たとえわからないことであっても、決断はできるだけ早くするべきだと考えている。

そのためには、普段から早く決断する経験を積み重ね、準備をしていなければならない。瞬時に決断できるようにするには、人間のアンテナ、感覚を日ごろから研《と》ぎ澄《す》ませておく必要がある、ということだ。

たとえば、雀鬼会では、牌《パイ》を「一秒で打つ」というルールを実践している。これも、そんな感覚を研ぎ澄ますための日常的な訓練といえる。

「決断力がある」と評価される人の中には、今まで蓄《たくわ》えてきた知識や情報を基に決断を下している人がたくさんいる。しかしそれは、本当の決断力ではなく、固定観念によって瞬時に判断されたものにすぎない。決断とは、過去との照らし合わせではないのだ。

本当の決断力を磨《みが》いていくには、〝決断する感覚〟を積み重ねていくしかない。日ごろの積み重ねによって、〝決断する感覚〟がその人の中に根づいていく。

日ごろの積み重ねとは、要するに準備をするということ。私が道場生たちに教えている言葉の中に「準備・実行・後始末」というものがある。今述べた日ごろの積み重ねは「準備」にあたるし、決断というのは「準備」と「実行」の間に位置している。

つまり決断力を磨いていくには、「決断」だけに囚われるのではなく、「準備・実行・後始末」というサイクルを意識しながらやっていく必要がある。準備があって、実行があって、その後に後始末。後始末が終わればまた準備を始める。そういうサイクルをいつも持続していないといけない。

「決断力」を部分的に取り出して、そこだけ磨こうとしてもそれは無理というものだ。「準備・実行・後始末」を日常の中でくり返していく。

そうすれば決断力だけでなく、今まで自分になかったほかの力も自然に育っていくことだろう。そしてそれこそが「負けない」ために必要な努力なのだ。

専門家より万能家を目指す

専門家といえば、世間では尊敬される対象である。とくに知的であったり創造的であったりする専門家は尊敬される度合いが高い。

しかし、専門家のようになにかを専門に、それだけを突き詰めていくと偏《かたよ》った人間になってしまう。

専門家にはひとつの考えに固執《こしつ》したり、固定観念に囚われたりしている人が多い。偏っているから、どこかが歪《ゆが》んでいる。歪んでいる人が増えれば必然的に社会も歪んでくるし、それにともなう問題がいろいろと表出してくる。

勝負にたとえれば、専門家は得意技で勝とうとする人だ。一方、万能家はなにが来ても負けないぞ、という感覚を持てる人。だから、私は専門家にはなろうと思わないし、専門家より、あらゆることに通じた万能家でありたいと思っている。

しかし、今の世の中は、偏っている人ほど評価が高くなったりするから困ったものだ。

人それぞれに仕事を持っているわけだから、形のうえではみんな専門家であらざるをえない。それはわかる。しかし、それはあくまでも形のうえでの話であって、身も心もすべてを専門分野に投じてしまうのは危険だ。なにかを専門にやっていかなければならない人ほど、そこにどっぷりとはまり込んでしまわないように気をつけなければならない。

私も、麻雀の世界に関わって四〇年以上になるが、麻雀の専門家ではないし、ましてや麻雀のプロでもない。かつては「桜井章一は麻雀プロ」なんて言われると腹が立ってしかたがなかった。

私は、免許や資格とは無縁に生きてきた。免許や資格をほしいと思ったことは、生まれてこのかた一度もない。専門家になっていくことが本当に嫌なのだ。だから車の免許だって持っていないくらいだ。麻雀の世界にこれだけ長い間、関わってこられたのも、そこが免許や資格と無縁の世界だったからかもしれない。

本当のプロフェッショナルとは、ひとつのことを究《きわ》めるだけではないと思う。ひとつだけでなく、ほかの要素もいっぱい持っている人が本当のプロフェッショナルなのだ。

フランス語に〝エリート〟という言葉があるが、日本では一般的に勉強ができるとか、仕事ができるとか、お金の儲《もう》け方がうまい人を指して使われることが多い。

しかし、本場フランスでのエリートの解釈はそういった偏ったものではないそうだ。学力もあれば心身のタフさもあり、なおかつ柔軟性もある。一分野でなく、いろいろなことに秀《ひい》でた人がエリートと呼ばれており、私も、そういう人が本当のプロフェッショナルであり、エリートだと思う。

私がまだ幼かったころ、母親から「うどんのように太く短く生きちゃダメだよ。お蕎麦《そば》みたいに、細く長く、生きるんだよ」というようなことをよく言われた。ここで言うと、太く短いうどんは専門家のことだ。

私は別に長生きなんかしたいとは思わない。でも、太く短くより、蕎麦のように細く長く、しなやかに生きていく感覚が必要なのではないか、と感じている。

自分の中の「バカ」を知る

すべての人に個性があるように、人間には長所もあれば短所もある。短所は弱点、あるいは欠点といってもいいかもしれない。そのふたつを持っているのが人間なのだ。

人間はだれでもミスをする。ミスを一度もしたことのない完璧な人間などこの世にひとりもいない。そしてそのミスは、その人の欠点であり、隠れた一面でもある。人はミスをすることで、そんな隠れた一面に気づくことができる。

欠点は、自分の状態を知ることのできる大切なものだ。長所しかない人間だったら、自分を直そう、よくしていこうなどという気は起こらないに違いない。

欠点があるからこそ、人間は少しでもよくなろうとする。それは本能であり、本能からくる「負けない」という思考にも強く結びつく。そう考えると、欠点は人間が生きていくための原動力のひとつでもあるのだ。

欠点があることで、人から「バカだ」「アホだ」と言われる人がいる。

ただ、私は「バカ」と「アホ」はちょっと違うと思っている。

道場生たちを見ていても感じるのだが、一流大学を出ていい会社に勤めて……という人には「バカ」が多い。逆に学校などろくに通っていないような人には「アホ」が多く、「バカ」と「アホ」を比べた場合、「アホ」のほうが悪気のないぶん、まだかわいい。

それなりの学問を身につけ、自分が賢いと思っている人間は始末に悪い。上からの目線で人を見下《みくだ》したり、けなしたり。

「バカ」という言葉ひとつとっても、それを発する人によって聞こえ方がまったく違うことがある。

人を傷つける「バカ」もあれば、まわりを和《なご》ませる「バカ」もある。人を傷つける「バカ」を発するのは自分が賢いと思っている人に多い。私から見ればそんな人間こそ「バカ」なのだが、彼らは自分が人より優れていると思い込んでしまっているから、自分の欠点にもなかなか気づかない。

今述べたように、自分の欠点を見つめない、自覚しないのは大いに問題がある。しかし、自分の欠点を見つめすぎるのもあまりよくない。自分の欠点を見つめすぎると、他人の欠点も気になってしかたがなくなるからだ。

その結果、自分の心をコントロールするのが難しくなる。つまり自分を見失ってしまう。

そんなふうにならないようにするにはどうしたらよいのか？

たとえば、あなたの気になる欠点を持っている〝Aさん〟という人がいたとしよう。あなたが心の中でAさんの欠点を批判しているだけなら状況としてはまだいい。問題なのは、ほかの人がAさんの欠点を批判したときのあなたの態度だ。

そういった状況で他人がAさんの欠点を批判したら、多くの人が「そう、そう、そうだよねえ」となってしまうことだろう。しかしそんなときこそ、その批判の火をあなたは消してまわらなければいけない。

自分で自分の火を消すことはなかなか難しい。でも、相手の火を消してやることで、自分の熱も少しは冷める。そしてそれが、自分の心のコントロールにつながっていくのだ。

そうやって自分の心をコントロールしながら、自分の欠点も相手の欠点も、偏ることなくバランスよく見つめていく。そんな中でもたらされる多くの〝気づき〟は、人の成長をけっして妨《さまた》げはしない。

「できる人」は瞬時に的を射る

会社などで「できる人」と呼ばれる人は、要領よくテキパキと仕事をこなし、まわりから一目《いちもく》置かれる存在の人だ。

私も麻雀の世界では「麻雀のできる人」と思われているようだが、会社にしろ、麻雀にしろ、どの世界でも「できる」といわれる人には共通点がある。

「できる人」はなにをするにしても自然に、楽しく行動することができる。迅速《じんそく》に動くことができるのは余計なことを考えていないからで、仕事のできる人は、その状況においてなにをすべきかいちいち考える必要がない。

私も麻雀が「できる」ので、どの牌を捨てるのか、次の展開をどうするのかは感じたままに動いている。考えずに感じたままで動いているので速く麻雀が打てる。

もちろん仕事においては、最低限考えておかなければいけないことはあるが、「できる人」は必要なことだけをシンプルに考えてさっと行動できるぶん、速い。

考えずに「感じる」ことが速さを生む。私が雀鬼会の道場で常日ごろから教えている「一秒で打つ」というルールも、その延長線上にある。

イチロー選手のセーフティバントのように、勝負の世界でも「できる人」は瞬時にして的《まと》を見つけ、射《い》ることができる。

できない人は考えすぎてタイミングを逸《いっ》したり、的を外したりしてしまう。なぜ外れたのかを悩み、延々と考え始める。そしてまた失敗する。的を外し続けると「負け」の悪循環にはまってしまう。

いい考えは常にシンプルなものだ。延々と考えたことにいい考え、いい答えはあまりない。ちゃんと準備をしてさえいれば、的はすっと見えてくる。

「感じる力」をもっと信じよう

考えすぎて裏目に出てしまった。そんな経験はだれにでもあるのではないだろうか。

ギャンブルの世界では、最初に「これだ」と思った第一印象を翻《ひるがえ》したがために、結果が裏目に出てしまうことが往々にしてある。

パチンコで「この台にしよう」と思ったのに別の台のほうがよさそうに見え、そちらの台に変更した。しかし自分の台はまったく当たりが出ないのに、最初にいいと思った台で打っている人が大当たりしていた。そんな悲しい経験をしたことのあるパチンコ好きの人も、きっと多いに違いない。

現代人は、最初にパッと見たときに「これだ」と感じた、自分の〝感じる力〟をなかなか信じられないようだ。すべての人の感じる力が弱いのではない。せっかく感じる力が働いているのに、自らその直感を捨てて迷い込んでしまうことが多いのだ。

迷いが重なると、「なぜ負けたんだろう。考え方が間違っていたのかな」と負のスパイラルにはまり、抜け出せなくなる。だから、また同じ負けをくり返してしまう。「考えたからこそ負けた」という真実にいつまで経っても気づかない。

考えれば考えるほど選択肢は増え、直感というセンサーを狂わす雑音もたくさん聞こえてくるようになる。

負のスパイラルに迷い込んでしまったら、その時点でいったん、まっさらな状態に戻してみるといいだろう。そしてそこで、改めて自分の感じる力を試してみる。そういったことをくり返していれば、見えなかった的も見えてくるはずだ。

目に見えないものを感じる

人は「いざ勝負」という状態になると、どうしても目の前のことに囚われてしまいがちだ。とくに勝負弱い人には、そういう傾向が見受けられる。目の前のことに囚われると、心も体も硬くなり、柔軟な対応がとれなくなり、必然的に負けを招いてしまう。

じつは、勝負に負けない秘訣《ひけつ》は〝目〟ではなく、〝耳〟にある。相手や全体の流れを目で見るように追うのではなくて、耳を澄ませるようにして感じるのである。

たとえば、山などへ行ってその静寂の中で耳を澄ませていると、心が落ち着いてきて小さな音でも聞き取れるようになる。こういう感覚を持っていると、勝負の核心に近づくことができる。

麻雀は伏《ふ》せて積んである牌、相手の牌、勝負の流れなど、目に見えないものを次々と読んでいかなければならない。そういう状況下においては、耳を澄ませるようにして感じることがとても大切になる。

対局中、私は耳を澄ませることで相手の牌を取る音、捨てる音の微妙な変化を感じ取る。「テンパってるな」「迷ってんな」「勝負にきたな」……そういうことが手に取るようにわかる。相手の顔色を読み取ろうとするより、耳で見ようとしたときのほうが状況がはっきりとわかることがあるのだ。

これはなにも、私だけに与えられた特別な力ではない。大自然の中で生きているような人々はそんな耳の力を持っている。現代人は、都会的な環境によってそういう感性、能力を閉じてしまっているだけなのだ。

私は、その能力を退化させないよう、たまに海や山などの大自然と触れ合うようにしている。さらに耳を大切にするために、やたらに大きい音を耳に近づけるようなこともしない。ヘッドホンで大音量の音楽を聴くなどということも絶対にしない。

もし、心を和《なご》ませてくれるきれいな音を聞きたくなったら、波の音や小川のせせらぎ、鳥のさえずり、木々のざわめきを聞きにいく。

私はそうやって、勝負の武器となる耳を大切にしている。

「耳で見る」ことができるようになってくると、きれいな音、汚い音の判別が瞬時につくようになる。

今の世の中は、私に言わせれば汚い音だらけ。テレビからは苦しい音、嫌な音が聞こえるし、繁華街を歩けば不快な騒音が溢れている。

世間が嫌な音で溢れかえっているから、私は麻雀道場の看板に「牌《パイ》の音《おと》」という名前を入れた。麻雀というゲームは、汚い音を発する人間が寄ってきて、とことん汚く打つゲームになってしまっている。だからこそ余計に、きれいな音を鳴らす麻雀をしようと思ったのだ。

実際に牌を打つ音に、その人の心は表れる。道場でも目を閉じ、道場生たちが発する牌の音を聞いているだけで、各道場生たちの気持ちが見えてくる。人生の機微《きび》、喜怒哀楽《きどあいらく》が牌の発する音に表れているのだ。

麻雀を打つときの音をきれいにしようとするなら、まず打ち方をきれいにしなければならない。そして、そうやって打ち方をきれいにしていくと、心もきれいになってくる。そのくらい、牌の音というのは正直なものなのだ。

いい勝負は相手との共同作業

私が雀鬼会という麻雀道場で若者たちを相手に教えているのは、「どうやったら勝てるか」ではなく、「どうやったら〝いい勝負〟ができるか」ということだ。これは私の持つ〝勝負の美意識〟を教えているといってもいいだろう。

ギャンブルやスポーツといった勝負事の世界のみならず、今の社会は「勝てばいい」という考えが蔓延しすぎている。

結果として勝利を収められるなら、手段を選ばない。どんな汚い手を使ってでも勝つ。私の持つ〝勝負の美意識〟とはかけ離れた、そんな汚い勝負に世界は汚染されている。それは、これまで述べてきたとおりだ。

その昔、高校野球の監督をしているという人物が雀鬼会にやって来たことがあった。その人の麻雀は勝負のかけ方がとても嫌らしかった。話をしてみても、言葉の端々《はしばし》にその嫌らしさを感じた。「こんな嫌らしい人間が子どもたちに野球を教えているのか」と暗澹《あんたん》たる思いにかられたことを今でもよく覚えている。

その高校野球の監督は、「勝てばいい」の代表格のような人間だった。「勝てばうれしいだろ。だったらどんな手を使ってでも勝て」。その監督は、そんな単純さで子どもたちに野球を、勝負を、教えているようだった。

しかし勝負の世界は、そんなに単純なものではない。

そもそも、勝負というのは相手がいて初めて成立する。〝いい勝負〟をするには、お互いが尊重し合い、さらに調和しなければならない。

野球でいえば九人対九人の戦いではなく、「一八人で試合をつくり上げる」という感覚が大切だ。「敵チームも自分のチーム」というくらいの感覚がなければ、いい試合にはならないと思う。

そういう感覚を対戦する両チームの監督が持っていれば、その試合は間違いなく〝いい勝負〟になるだろう。

個は全体なり、全体は個なり

勝負する相手を尊重するという考え方は雀鬼会の教えにも通じる。雀鬼流も当初は得点による勝負だった。やがてそこに動作や心構えのポイントが入ってきた。相手に迷惑をかけないという動作や心構えだ。

つまり、四人で争っているけれども、その四人で一チームという感覚だ。

ヘボもタコも入ってくるけれど、とにかく四人で勝負の場をつくる。四人でどれだけいい勝負ができるかが問われる。

組み合わせはどうなるかわからない。足手まといになるようなプレイヤーが入ってくるかもしれない。でも、そこで四人一組となって最高の場をつくるのだ。

雀鬼会を始めて二一年目になるが、やっとその麻雀が雀鬼流らしくなってきたと、最近、感じている。四人で勝負をつくるという姿勢が様になってきた。そこには敵も味方もない。個に囚われた勝利は本当の喜びをもたらさない。結局のところ、私が常々口にしている「個は全体なり、全体は個なり」という考えを形にし、実践しているのである。

雀鬼会のメンバーの中には、対局中に足を引っ張るようなへたな子もたくさんいる。しかし、そういう子とともに〝いい場〟をつくらなければならないことを、ちょっと上手な子は対局の中で学んでいく。

そうした中で、ちょっと上手な子は、へたな子に麻雀を教えるようになる。自分がいっしょにやってみてダメだったから、あるいは点数が落ちるから、そのへたな子たちに指導したくなるのだ。こうして個の成長とともに全体が伸び、全体の成長とともに個が伸びるという〝いい循環〟が生じるのである。

「後始末」は次の勝負の「準備」

私が日々の生活で意識していることに、「準備・実行・後始末」があることは前述したとおりだ。そして、勝負強さを養ううえでも、この「準備・実行・後始末」を習慣づけることはとても大切なこととなる。

日々の生活の中でいえば、夜寝る前に翌日の支度《したく》を整えておくことが「準備」にあたる。そして朝を迎え、一日がスタートする。これが「実行」。さらに夜帰宅してから、掃除、洗濯をする。これが「後始末」だ。こうやって、人はなにげない毎日の中でも、常に「準備・実行・後始末」をくり返しているのである。

一連の動きの中で気をつけてほしいのは、「後始末」で終わりではない、ということだ。「後始末」をきちんとしなければ、次の「準備」には進めない。いわば「後始末」とは、すでに次の「準備」の一部なのだ。

こうして「準備・実行・後始末」は、そのサイクルそのものが、円のようにつながり、循環している。

きちんと後始末をするということは、次の準備に素早く取りかかれるということだ。仕事なども同じことがいえると思う。なにかミスがあったときなどはなおさらのこと、後始末をきちんとしなければ、次の仕事の準備に影響を及ぼしてしまう。その準備が不十分であれば、その次の動きとなる「実行」も満足のいくものにはならないだろう。

「準備・実行・後始末」を円のように常に回転させていくには、心をいい状態に保っておくことも重要だ。勝負事にしろ、仕事にしろ、いい心の状態を保って準備をしっかりとしておけば、実行すべき内容も必ずいいものとなっていく。

実行にミスが少なくなれば、後始末にも手間がかからなくなる。反対に実行した内容が悪ければ、後始末がスムーズにいかないばかりか、やる気も起こらなくなり、それは「準備・実行・後始末」の円をいびつな形へと変えてしまう。

「準備・実行・後始末。そしてまた準備」という一連のサイクルを連続させるには、それを続けていこうとする強い気持ちがなければならない。その気持ちが薄いと、最後の後始末がおろそかになってしまい、どこかに必ず綻《ほころ》びが生じる。その綻びは徐々に広がっていき、やがて取り返しのつかない失敗を招くことにもなりかねない。

プロスポーツの世界でも、調子の波の激しい選手は、「準備・実行・後始末」のサイクルがスムーズにまわっていない。

「終わりは始まり」とよくいうが、試合が終わっても、戦いはそこで終わることはない。

その日の試合が終わったと同時に、次の試合はもう始まっている。筋力トレーニングやストレッチといった体のケア、技術面での反省、反復練習など、後始末をきちんと行っている選手と行っていない選手で明らかな差が出てくるのは当然のことなのだ。

「勝ち」を譲る余裕こそ強い

「準備・実行・後始末」を実践し、強い人間、「負けない」人間になっていくと、その人間には「余裕」が生まれる。

余裕が出てくると思考や行動の幅も広がっていく。自分だけでなく、相手のことも考えられるようになる。余裕によって、戦う相手を思いやる気持ちも生まれてくる。

相手を思いやる気持ちとは、「どうぞ勝ってください」と相手に勝ちを譲《ゆず》るくらいの気持ちである。そのくらいの余裕があれば、「負けない」戦いをすることができる。勝負とはそういうものなのだ。

逆に余裕のない人は、「勝たないで」「成功しないで」と相手の失敗ばかり望んでいる。はなからそんな姿勢で勝負に挑んでいる人が、勝負に勝てるわけがない。

私は麻雀でオープンリーチを好む。「だれも振らないでくれよ。おれ、ツモるから」、そういう余裕があるときというのはまず負けない。野球でも、「どうか打たないで」というマイナス思考で投じた球より、「打てるもんなら打ってみろ」と余裕を持って投げた球のほうが勢いは確実に増す。

でも、この余裕は、相手をナメてかかっているところから派生する余裕では断じてない。勝負をしているときに出る「余裕だよ」という言葉には、えてして「楽勝」というニュアンスが含まれている気がしてならない。だが、それは私の言いたい「余裕」とはまったく異なる。「楽勝」という思いからくる「余裕」とは、単なる油断でしかない。

本当の「余裕」というのは、精神面、技術面を含め、その人がそれなりのレベルに達していなければ出てこない。不十分な実力のまま、相手に勝ちを勧めているだけで勝てるほど、勝負の世界は甘くはない。

日ごろから「準備・実行・後始末」の鍛練《たんれん》を積んだうえで、敵に「どうぞ」と言えるのが本当の「余裕」だ。本当に強くないと口にはできないことである。

おわりに

ひとつの道を究《きわ》めるのは難しい。世の中にはいろいろな道があるのだろうが、どの道にしてもそれを究めるのは至難《しなん》の業《わざ》だ。

究めるということは、確証を得ることでもある。だから、私にはものごとを究めたという感覚がまったくない。自分の中に確証がまったくないのだから、当然といえば当然だ。

雀鬼会で道場生たちを指導しているときも、悪い形をしていた人間がどうしてよくなるのか、私にはわからない。そこにあるのは感覚だけで、「君、こうやったらよくなるよ」とか「肘《ひじ》をちょっと下げたほうがいいんじゃない」というようにやっているだけ。ちょっとした手ほどきを加えているだけなのだ。

麻雀《マージャン》を始めて四〇年、雀鬼会を始めて二〇年、桜井章一が麻雀というものをどれくらいわかっているのかといったら〝百歩の道〟の三歩ぐらい。私はまだ、一〇〇分の三くらいしか麻雀のことをわかっていない。

仮に私が百歩行ったとしても、そこが終わりだとは思わないだろう。あるいは、百歩行ったらスタート地点に戻って来るかもしれない。行ったきりではなく、百歩の先に二百歩分の道があるのでもなく、百歩行ったら百歩戻るのが私の道なのかもしれない。

若かりしころ、私にも「五十歩くらい来たかな」と感じた時期があった。「おれってすごいなあ」「なんだ、おれより前を歩いているヤツはだれもいねえや」と。そう思っていた時期も確かにあった。

しかし、あるとき気づいた。それは人間同士の間のことにすぎず、狭《せま》い世界でひとり、悦《えつ》に入《い》っていただけだ、と。そのとき、麻雀の牌《パイ》から「おまえはまだ三歩しか歩いてないよ」と言われたような気がした。

だから、この道は一生かかってもどこかに辿《たど》り着けるものではない、ということが自分でわかっている。

私は、自然から学んだこと、気づいたことを、牌を通して雀鬼会の道場生たちに指導しているのである。

みんなに触られて牌が泣いている。それだけは実感する。たまに、よその雀荘へ行くと牌がかわいそうでしかたがない。人の手が触れることで、牌が虐待《ぎゃくたい》されているような気がしてしまう。

だから、雀鬼会では牌を少しでも柔らかく、きれいに、大切に扱うよう指導している。私にとって、それだけ牌は大切なもので、そこから教わったこと、学んだこと、もらったことが多いのだ。

〝学ぶ〟とは、世の中では自分より高等なものから教わることをいう。自分より目上の者、次元が高いとされる者から学んでいく。

けれども私の場合、世の中では次元が低いとされる麻雀からいろいろなことを学んできた。私の人生はそこから始まっている。上から学ぶことが〝学び〟とは思っていない私は、道場生たちに指導しながらも、彼らから多くのことを学び、もらっている。

政治家、専門家、経済人、大学教授、いろいろな人と付き合いがあるが、そういった人たちから学ぶことはほとんどない。「なんでいいんだろう?」ということよりも、「なんでダメなんだろう?」というところから学んだほうが気づきやすいし、改良もしやすい。その意味で、私にものごとを教えてくれるのはいつも〝下の者〟たちばかりなのだ。

今まで積み重ねてきた〝下の者からの教え〟の多くを、私はこの本で書いたつもりだ。そこから、「負けない」ためになにが必要なのかを、みなさんが少しでも感じ取ってくれれば幸いである。

そして、人生で「負けない」ためには〝下の者から学ぶ〟という姿勢がいかに大切なのかをみなさんが理解してくれたなら、私は次の四歩目に進めそうな気がする。

二〇〇九年八月

桜井章一《さくらいしょういち》

編集協力
髙木真明／萩原晴一郎

桜井章一

東京都に生まれる。大学時代に麻雀に触れ、のめりこむ。昭和30年代後半、裏プロの世界で勝負師として瞬く間に頭角を現す。以来、20年間「代打ち」として超絶的な強さを誇り、「雀鬼」の異名をとる。その間、一度も負けなしの無敗伝説をつくった。現役引退後、著者をモデルにした小説、劇画、映画などでその名を広く知られるようになる。現在、麻雀を通して人間力を鍛えることを目的とする「雀鬼会」を主宰し、全国から集まった若者を指導している。著書には『超絶感性』(竹書房文庫)、『運に選ばれる人 選ばれない人』(講談社＋α文庫)、『人を見抜く技術』(講談社＋α新書)、『賢い身体 バカな身体』(共著、講談社)などがある。

講談社＋α《プラスアルファ》新書 437-2 A

負《ま》けない技術《ぎじゅつ》

20年間無敗、伝説の雀鬼の「逆境突破力」

桜井章一《さくらいしょういち》 ©Shoichi Sakurai 2009

2009年 9 月20日第 1 刷発行
2024年10月 3 日第12刷発行

発行者―――篠木和久
発行所―――株式会社 講談社
東京都文京区音羽2-12-21 〒112-8001
電話 編集(03)5395-3522
販売(03)5395-4415
業務(03)5395-3615

カバー写真―――野辺竜馬
デザイン―――鈴木成一デザイン室
カバー印刷―――共同印刷株式会社
印刷―――株式会社新藤慶昌堂
製本―――牧製本印刷株式会社
本文データ制作―――講談社デジタル製作

KODANSHA

定価はカバーに表示してあります。
落丁本・乱丁本は購入書店名を明記のうえ、小社業務あてにお送りください。
送料は小社負担にてお取り替えします。
なお、この本の内容についてのお問い合わせは第一事業本部企画部「＋α新書」あてにお願いいたします。

Printed in Japan
ISBN978-4-06-272606-1